OS PONTEIROS APONTAM PARA O
Infinito

PADRE VÍTOR COELHO DE ALMEIDA, C.Ss.R.

OS PONTEIROS APONTAM PARA O

Infinito

Reflexões e catequeses

Organizador: Daniel Siqueira

Direção Editorial:	Pe. Fábio Evaristo R. Silva, C.Ss.R.
Conselho Editorial:	Pe. Ferdinando Mancilio, C.Ss.R.
	Pe. Marlos Aurélio, C.Ss.R.
	Pe. Mauro Vilela, C.Ss.R.
	Pe. Victor Hugo Lapenta, C.Ss.R
Coordenação Editorial:	Ana Lúcia de Castro Leite
Copidesque:	Luana Galvão
Revisão:	Denis Faria
Diagramação:	Mauricio Pereira

Dados Internacionais de Catalogação na Publicação (CIP)
(Câmara Brasileira do Livro, SP, Brasil)

Almeida, Vítor Coelho de
  Os ponteiros apontam para o infinito: reflexões e catequeses/ Vítor Coelho de Almeida; organizador Daniel Siqueira. - Aparecida, SP: Editora Santuário, 2018.

  ISBN 978-85-369-0527-3

  1. Vida cristã - Escritores católicos I. Siqueira, Daniel. II. Título.

17-11134   CDD-248

Índices para catálogo sistemático:
1. Escritores católicos: Vida cristã 248

1ª impressão

Todos os direitos reservados à EDITORA SANTUÁRIO – 2018

Rua Pe. Claro Monteiro, 342 – 12570-000 - Aparecida-SP
Tel.: 12 3104-2000 – Televendas: 0800 - 16 00 04
www.editorasantuario.com.br
vendas@editorasantuario.com.br

Apresentação

A presente obra traz ao nosso conhecimento a espiritualidade e a teologia do Pe. Vítor Coelho de Almeida, Servo de Deus, cuja vida e virtude são muito apreciadas e, após seu passamento, movem um processo de canonização em Roma, junto à Sagrada Congregação para os Santos. Seus "devotos" querem vê-lo elevado à glória dos altares!

Nosso autor foi homem de grande cultura, erudito nas ciências e sábio na vida. Era fluente nas línguas modernas e conhecedor do latim, do grego e do hebraico. Mineiro de nascimento e cidadão do mundo! Ainda criança entrou para o Seminário Santo Afonso, em Aparecida, Brasil. Os estudos superiores, filosofia e teologia, foram cursados na Alemanha, onde também se ordenou sacerdote.

Morando na Europa viveu o ambiente geopolítico que deu origem à Segunda Guerra mundial e, também, o rico período de fermentação teológico-eclesial dos anos anteriores ao Concílio Vaticano II. A sólida formação acadêmica e sua vasta experiência existencial, no Brasil e em outros Países, no serviço pastoral urbano e rural, cunharam a alma e a personalidade do teólogo, missionário popular, catequista, sanitarista, comunicador e, como diz o povo, do "santo" Pe. Vítor Coelho!

O livro que ora apresentamos reúne temas abordados por ele em sua longa e fecunda vida missionária, a partir das pregações e programas radiofônicos, pela Rádio Aparecida e nas Missões Populares, catequista que foi do Brasil, entre a década de quarenta e o final dos anos oitenta, do século passado.

Impressionante o carisma desse "santo" missionário redentorista, legítimo filho de Santo Afonso Maria de Ligório. Multidões foram por ele evangelizadas, com a sabedoria e a humildade de quem conhecia a própria pequenez e a magnitude da missão que recebeu. Ele se define instrumento nas mãos de Deus: "A eficácia da pregação mede-se pelo avanço do Reino de Deus. Esse processo não depende de eloquência humana e de outros meios naturais, mas da graça agindo nos corações e transformando a conduta". Portanto, não são "os recursos que determinam a eficiência da evangelização, mas a criatividade da graça", dirá anos mais tarde o Papa Francisco... Pe. Vítor foi grande em seu tempo e, todavia, continua atual!

Nosso pregador popular fala do mistério de Deus de maneira simples e direta, de fácil compreensão para todos os seus "caríssimos" ouvintes e agora leitores. Da lavra de seu trabalho apostólico, com a segurança e a clareza doutrinais que lhe são peculiares, esta coletânea de reflexões escolheu temas de grande relevância sobre a vida cristã, as verdades da Fé, a adesão à Igreja, a prática dos mandamentos, a moral católica e, também, instruções para o bem-viver. Muito oportunos e instrutivos os ensinamentos sobre a sadia devoção à Santíssima Virgem, sobretudo sob o título de Aparecida, o qual jurou em vida propagar, sempre afirmando o cristocentrismo da Fé católica: "Só em Cristo, só com Cristo e só por Cristo, Nossa Senhora é medianeira e protetora". Seu método é bíblico-catequético.

Caro leitor, assim como os ouvintes que se colocavam ao redor do rádio para rezar e se instruírem na Fé pelos programas "Os Ponteiros Apontam para o Infinito" e "A Hora da Consagração", acolha em suas mãos esta singular obra com obséquio e devoção, excerto da grande obra evangelizadora do Pe. Vítor Coelho de Almeida, o missionário d'Aparecida.

Bom proveito!

Dom Darci José Nicioli, C.Ss.R.
Arcebispo de Diamantina
Vice-postulador da Causa de Beatificação

Prefácio

Existem algumas pessoas que têm a capacidade de ir além de seu tempo por sua vida e pela maneira como exerceram sua missão. Uma dessas pessoas foi o sacramentano Pe. Vítor Coelho de Almeida, missionário redentorista.

Ele foi além de seu tempo pela forma como evangelizou e porque se tornou o grande catequista do povo brasileiro, usando com largueza o meio privilegiado de seu tempo que era o púlpito, onde pôde usar do grande dom que Deus lhe deu, a palavra. Essa palavra foi propagada bem mais além, graças aos microfones da Rádio Aparecida.

Padre Vítor foi um dos fundadores da Rádio Aparecida, um dos maiores nomes de seu quadro fixo de evangelizadores, e por quase trinta e seis anos usou com sabedoria desse meio para prolongar a palavra ouvida no Santuário Nacional.

A partir dos anos cinquenta, crescia sem cessar o número daqueles que visitavam o templo onde se conservava a imagem original de Nossa Senhora da Conceição, pescada nas águas do Rio Paraíba do Sul. Motivados pelas Santas Missões que eram pregadas nos quatros cantos de nosso país, contando com a maior facilidade de locomoção, graças aos meios de transporte e rodovias que se modernizavam, mais e mais pessoas chegavam para visitar aquela igreja, que hoje é chamada carinhosamente de "Casa da Mãe Aparecida".

Padre Vítor Coelho transformou-se naquele que acolhia a todos e, apesar de seu temperamento às vezes irascível, pacientemente, com seu guarda-chuva pendurado nos braços, chapéu na cabeça para se proteger do sol, inclemente tirava muitas e muitas fotografias, que as pessoas levavam para casa e guardavam com carinho e gratidão. Mas, enquanto tirava as fotos, sempre tinha uma palavra de orientação para as pessoas que o rodeavam.

Na Rádio Aparecida, Padre Vitor foi o apresentador de dois programas: "Os Ponteiros apontam para o Infinito", que dá nome a este livro, sempre levado ao ar ao meio-dia, e a "Consagração a Nossa Senhora Aparecida". Às três horas da tarde, o Brasil parava para ouvir o conhecido "Caríssimos", pronunciado pela voz rouca, e rezar a tradicional oração, depois de ouvir sua catequese, sempre com temas atuais e relevantes.

Muitos textos preparados para seus programas e muitas homilias, que ele pronunciava primeiro na velha matriz e depois na Basílica Nova, foram recolhidos e deles, feita uma criteriosa seleção e preparação. Alguns são aqui apresentados, não sem antes relembrarmos partes importantes de sua vida e de sua missão.

Feliz iniciativa da Editora Santuário de resgatar um livro há muito publicado, de renová-lo com nova diagramação e trazê-lo para todos os leitores.

Pe. José Inácio de Medeiros, C.Ss.R.
Superior Provincial dos Redentoristas de São Paulo

Introdução

No ano de 1960, a Edições Paulinas lançou o livro "Os Ponteiros apontam para o infinito", que reunia pequenos textos escritos pelo Padre Vítor Coelho de Almeida. A obra continha cerca de uma centena de textos, que versavam sobre os mais variados assuntos (catequese, formação humana e cristã etc.) e que tinham sido publicados, originalmente, pelo Jornal Santuário de Aparecida, entre o final dos anos de 1940 e os anos de 1950. Após a morte do Pe. Vítor, ocorrida em 1987, Pe. César Moreira, C.Ss.R, fez uma seleção de alguns de seus muitos pronunciamentos realizados durante os 36 anos em que ele trabalhou na Rádio Aparecida, reunindo-os em um livro intitulado "Lembranças do Padre Vítor na Rádio Aparecida", lançado originalmente em 1988.

Após a abertura do processo de beatificação e a declaração de Padre Vítor como Servo de Deus, tem-se intensificado o interesse de muitos por conhecer, um pouco mais a fundo, quem foi essa figura tão emblemática que marcou o universo católico brasileiro durante muitas décadas. Com o intuito de resgatar e preservar a memória do padre Vítor, fazendo com que também as novas gerações possam conhecer quem foi esse grande homem, a Editora Santuário traz aos leitores uma seleção de seus escritos extraídos dos livros "Os Ponteiros apontam para o infinito" (1960) e do livro "Lembranças do Padre Vítor na Rádio Aparecida" (1987).

Queremos, com essa iniciativa, que você também, caro leitor, possa conhecer um pouco mais sobre quem foi Padre Vítor Coelho de Almeida, o homem, o missionário, o comunicador, o servo de Deus e, com a graça divina e nossas orações, um dia beato e santo.

Padre Vítor Coelho de Almeida, C.Ss.R.

Padre Vítor Coelho de Almeida ficou conhecido em todo o Brasil entre os anos de 1950 e 1980, principalmente por meio das ondas do rádio. Ele foi um dos pioneiros na evangelização pelos modernos meios de comunicação. Por muitas décadas esteve à frente dos programas "Consagração a Nossa Senhora Aparecida", "Os Ponteiros apontam para o infinito", "Encontro com os senhores romeiros", entre outros programas veiculados pela Rádio Aparecida.

O missionário era mineiro, de Sacramento. Nascido em 1899, ainda muito pequeno, perdeu a mãe, teve uma infância atribulada sendo um menino bastante rebelde. Em 1911, mesmo contra sua vontade, foi levado por seu tio, que era padre, para o Seminário Redentorista Santo Afonso, em Aparecida. Aos poucos, o menino foi se convertendo, tomando gosto pela vida religiosa, acabando por decidir tornar-se padre. Em 1918, fez sua profissão religiosa na Congregação Redentorista, seguindo depois para a Alemanha para completar os estudos. Foi ordenado padre em 1923 e retornou ao Brasil em 1924.

O jovem padre exerceu diversos trabalhos. Entre os anos de 1930 e 1940, foi missionário itinerante pregando em muitas localidades. No final de 1940, apareceram-lhe os primeiros sintomas da tuberculose: essa doença quase lhe tirou a vida e o fez ficar afastado dos trabalhos por vários anos. Retirou-se para tratamento no Sanatório da Divina Providência, em Campos do Jordão. Somente em 1948, já curado, ele retornou às atividades, sendo designado para trabalhar em

Aparecida. Ali começou um incessante trabalho junto aos romeiros que passavam pelo Santuário, pregando e instruindo todo o povo.

Padre Vítor foi um dos grandes entusiastas e incentivadores da criação da Rádio Aparecida, em 1951. Como grande orador, ele trouxe para a rádio essa experiência por meio dos diversos programas que fez, durante os 36 anos que trabalhou na Rádio Aparecida. Além de ter uma profunda espiritualidade, era versado em muitos saberes, unia, com astúcia, os conteúdos de fé e instrução religiosa aos assuntos e temas da vida cotidiana —a política, questões sociais, comportamento, saúde, educação entre outros. Com isso, seus programas alcançavam elevados níveis de audiência, sendo ouvidos em todo o Brasil.

Sempre muito querido, era homem simples, estava sempre no meio do povo, gostava de conversar com as pessoas. Foram muitos os que, ao visitarem Aparecida, fizeram questão de tirar uma foto ao lado do padre Vítor. Chamado de santo ainda em vida, título esse que sempre recusou, dizia ser ele um filho da misericórdia de Deus.

Padre Vítor faleceu em 1987, aos 87 anos. No ano de 1998 foi aberto seu processo de canonização. Seus restos mortais se encontram no Memorial Redentorista, em Aparecida, ao lado antiga Basílica de Nossa Senhora Aparecida. Padre Vítor foi declarado Servo de Deus, e sua causa de beatificação está em andamento em Roma, na Congregação para as Causas dos Santos.

1
Família e vida pessoal

Padre Vítor, em muitas de suas falas pelo rádio ou em seus escritos, falava de sua origem, de sua família, de si mesmo, de tudo que viveu. Ele sempre gostava de falar de suas origens: falava com carinho de seus pais, dos irmãos, da infância e dos tempos de seminário, dos primeiros tempos como padre, da vida de missionário itinerante, dos anos de doença, entre outras coisas de sua vida. Ressaltava sempre que sua vocação e seu ministério eram frutos da misericórdia divina. Nesta primeira parte, selecionamos algumas das falas do padre, nas quais ele menciona sua vida pessoal.

A família do Padre Vítor

Papai chamava-se Leão Coelho de Almeida. Era um homem bonito, como eu sou bonito também. Dizem que eu pareço com ele. Ele era de família portuguesa e mamãe de família francesa. Homem muito inteligente, ele aprendeu artes decorativas. Desenhava que era uma beleza! Foi professor. Em minha família todo mundo é professor. Papai era um homem muito prendado, inteligente e muito bom: extremamente caridoso. Tinha dó de todo mundo que sofria; gostava muito dos pobrezinhos. Papai tinha dó dos leprosos e, quando ele estava ali pelos cinquenta anos de idade, frequentou a casa de um leproso. Era amigo íntimo do leproso, abandonado por todo mundo. Ficava o dia inteiro conversando com esse homem dentro da casa dele e não pegou nenhuma doença. Ele morreu com noventa anos e se parecia muito com São Nicolau, amigo das crianças. Morreu no dia de São Nicolau. Meu irmão chamava papai de São Francisco de Bigode, porque ele gostava muito das flores, dos passarinhos, da natureza.

Mamãe morreu muito moça, coitadinha! Era muito terna, tinha uma voz muito bonita, cantava para a gente. Sofreu muito. Morreu cedo porque sua saúde não era boa. Morreu com 28 anos, tendo deixado cinco filhos; um morreu pequenino e quatro cresceram. Éramos então cinco irmãos. O que morreu pequeno chamava-se Leãozinho. Outra era mulher. Chegou aos vinte e um anos e ficou freira, consagrou-se a Deus. Era muito boazinha, morreu como santinha com vinte e quatro anos; ela se ofereceu a Deus como vítima. Vocês talvez não entendam bem isso, mas vou tentar explicar: quando a gente quer converter alguém, ou oferecer-se a Deus para sofrer no lugar dessa pessoa. De fato, ela sofreu muito, morreu com vinte e quatro anos, e aquela pessoa se converteu. Essa minha irmãzinha tinha o tipo francês da avó, olhos azuis e se chamava Veriana. Era uma moça bonitinha.

Os outros dois irmãos são professores, José é formado em Farmácia e é professor. Foi professor no Colégio Dom Pedro II. Escreveu livros e pertence à Academia de Letras de Vitória-ES. Agora está velhinho, dois anos mais que eu. Mora no Rio de Janeiro. Vou lá para vê-lo, porque ele já não pode vir aqui para me ver. Outra irmã minha é professora aposentada e mora em Araxá. Tem oitenta anos. Lecionou primeiro em Ibiá. Depois foi para Araxá, lecionar no Grupo Escolar. É muito querida porque formou aquelas gerações todas. Está lá até hoje.

(Texto para programa da Rádio Aparecida, sem data)

Não aproveita fazer greve contra Deus

Quando tinha nove anos, acompanhei carros de boi pelo sertão. Pobres bois. Lembro-me de como um deles, exasperado de tanto peso e distância, desanimou. Fez greve. Deitou-se resolvido a enfrentar ferroadas, berros e não prosseguir viagem. Os carreiros furiosos acabaram acendendo touceiras de palha e aplicando-as na traseira do coitado, que, afinal, se levantou para vencer os dois últimos quilômetros antes do pouso.

O leitor nunca desanimou no caminho do bem e da renúncia? Lemos nas Escrituras que o profeta Elias, fugindo da perseguição de Jezabel, por deserto abrasador, sentiu a opressão do desânimo e, atirando-se à sombra de um junípero, desejou para si a morte e disse: "Basta-me de vida, Senhor, tira minha alma porque eu não sou melhor do que meus pais (que morreram na idade que tenho)!" Falou e adormeceu. Mas eis que um anjo do Senhor o tocou e disse: "Levanta-te e come!" Olhou e viu junto a sua cabeça um pão cozido debaixo da cinza e um vazo de água. Comeu, pois, bebeu e tornou a adormecer. Voltou segunda vez o anjo do Senhor, que o tocou e disse: "Levanta-te e come, porque te resta um longo caminho". Tendo ele levantado, comeu e bebeu e, com vigor daquela comida, caminhou quarenta dias e quarenta noites, até chegar ao Monte de Deus, Horeb.

Se Elias, "emburrado", não atendesse ao anjo e, por pirraça, não tomasse o alimento misterioso, teria morrido no desagrado de Deus e não seria o grande profeta. "Bom é que passemos contrariedades, porque, muitas vezes, fazem o homem em si, lembrando-lhe de que vive no desterro. E em coisa nenhuma deste mundo deve pôr sua esperança. As contrariedades preservam-nos da vanglória. Os santos passaram por muitas tentações e tribulações e nelas adquiriram humildade, pureza e experiência. Os covardes que não puderam resistir, sucumbiram e perderam-se. São Paulo diz que Deus "com a tentação dará o auxílio para que possamos resistir-lhe" (1Cor 10,13). "Levante-te e come", quer dizer que devemos rezar e comungar mesmo que estejamos em um estado de alma semelhante ao de São Paulo, que escreveu (2Cor 1,8): "Porque não queremos que vós ignoreis, irmãos, a tribulação que nos aconteceu na Ásia, como fomos oprimidos acima de nossas forças, que até a mesma vida nos causava nojo... Mas Deus nos livrou de tão grandes perigos e nos livra; e no qual nós esperamos que, ainda, nos livrará, se vós nos ajudardes também, orando por nós..." Desanimar e emburrar não adianta. Tudo podemos naquele que nos fortalece, contanto que oremos, recebamos a força dos sacramentos e não desanimemos.

(Artigo publicado no Jornal Santuário, sem data)

Filho da misericórdia de Deus

Eu estava no seminário quando comecei a pensar em ser padre, porque eu sempre dizia: não quero ser padre não! Eu quero casar. Eu não tinha formação religiosa, nem conhecia as coisas lindas da religião. Como é que ia então querer ser padre? Eu não sabia a beleza de ser padre; pensava que padre era um homem que andava sempre vestido de preto. Naquele tempo, ele raspava a cabeça e usava uma coroinha na cabeça. Eu não sabia o que era ser padre, mas aprendia com os moleques tudo o que não prestava. Mamãe morreu cedo e eu fiquei na rua, porque papai não podia me vigiar direito. Fui um menino muito ruim; até os 11 anos eu não estava no caminho bom: só gostava de me divertir e fazer tudo que era pecado. Meu primo me pegou e me colocou no seminário, porque ele era padre. Ele já morreu.

Quando eu entrei no seminário, o diretor me perguntou: você quer ser padre? Eu falei que não. Então, disse ele, você fica aqui uns dois meses para não ofender seu primo e depois você volta para casa, porque aqui só estuda para padre. Mas eu achei tão bonito, que fiquei encantado com tudo do seminário! Fui pedir para o diretor para eu ficar mais. Eu quis experimentar. Fui criando gosto, mas o diretor fez uma pregação e disse que, para ser padre, tem de ser Santo e não casar. Então, eu pensei: eu não posso ser padre, pois eu fui um moleque de rua; fiz muita coisa errada em minha vida. Como é que, agora, eu vou poder ser padre? Aí não estudei mais e meu estudo afundou.

Um dia eu fui ao quarto do diretor e falei: eu quero aprender a tocar órgão. O diretor disse: "Não senhor! Eu vou mandar você para casa, porque você não estuda". Então eu escrevi uma carta, falando assim: "Eu nunca quis ser padre, por isso é que eu vou-me embora, antes que me mandem embora". Escrevi a carta e pedi para o diretor colocar no Correio, e aí me veio a ideia. Eu já tinha pegado no trinco para sair, quando voltei e falei: "Olha, padre, sabe por que eu não posso ser padre? Porque o senhor falou que quem pintou o sete, como eu quando era moleque à toa, da rua, não poderia ser padre". E ele deu risada e respondeu: "Não, você pode ser padre, se você for bom de agora em diante; pode rasgar a carta". Aí então comecei a querer e resolvi ficar.

Eu penso que sou filho da misericórdia. Deus me escolheu para me tirar, como diz a Bíblia, do lodo, lá embaixo, e me colocar lá em cima, como Davi foi tirado do meio do gado para se tornar rei. Deus, nosso Senhor, teve muita pena de mim, porque minha infância, depois que mamãe morreu, não foi uma infância ideal para vocação. Era um moleque da rua, para falar a verdade mesmo! Até os onze anos era um moleque da rua, muito mal encaminhado, sem ter quem pudesse me colocar no bom caminho. São coisas mui tristes de minha vida.

Um dia minha avó pegou uma medalha de Nossa Senhora Aparecida, pendurou em meu pescoço e disse: "Que essa mãe cuide de você!" E foi isso. Fui parar em Aparecida, entrei, sem querer, no seminário e aqui descobri aos poucos o ideal; resolvi ser padre. Mas foi misericórdia de Deus, muito Bom, porque eu aprendi a ter misericórdia. Eu tenho muita pena das crianças. Como missionário fiz muito esforço em ensinar as crianças, porque me lembrava de que passei fome espiritual, sede espiritual, nudez espiritual quando eu era menino. Assim Deus teve dó de mim e me trouxe para tão alta vocação, buscando com seu braço a mim lá embaixo, para me elevar tão alto! Deus seja louvado! Minha vocação veio lá de baixo, subiu, e foi pela mão de Nossa Senhora Aparecida, como acabei de contar, que entrou em minha vida.

(Texto para programa da Rádio Aparecida, 1983)

Celebrar a vida

Hoje (22 de setembro de 1985), celebrando meus 86 anos de vida, quero falar de Deus como fonte. Ele é a fonte. Eu sou um rio. Agora, no começo da primavera, em que o mundo sorri porque Deus é fonte de vida, eu me ajoelho em frente ao Eterno, para adorar, para agradecer, para suplicar. E também para fazer penitência e bater no peito dizendo: minha culpa, minha tão grande culpa, diante de todas as faltas contra a vida. Essas faltas se chamam pecado. Que Deus Todo-Poderoso tenha compaixão de nós, perdoe nossos pecados e nos dê a Vida Eterna. Que nós fiquemos livres da vida que morre, para viver ternamente a vida imortal, a Vida Eterna. Deus me ajude, se Ele quiser, a falar um pouco, antes de me calar, porque estou no fim do tempo de falar.

A Bíblia diz que os dias do homem são de setenta anos, os mais fortes chegam a oitenta. Passar dos oitenta, isso nem a Bíblia fala. Quer dizer que estou no fim, está chegando a hora do meu silêncio. Eu gostaria que a tarde fosse tão bonita como a manhã! Há um encanto tão lindo na tarde, quando as sombras se alongam, quando as coisas da terra se apagam, quando se acendem as coisas do céu. As lindas e serenas tardes, em que brilham as estrelas, aos poucos, aos poucos, até que a linda estrela da tarde nos anuncia aquele sol eterno que nunca mais será ocaso. É hora de calar, de fazer silêncio porque a noite vai caindo. Então, vamos rezar a Deus, adorar, agradecer, pedir, desfazer as culpas, para que Ele tenha compaixão de nós e nos receba na Vida Eterna.

Abençoar é próprio dos velhos. Assim eu quero abençoar a Rádio Aparecida e todas as fontes luminosas que vão brotando. Abençoar para que elas sejam fontes do bem, do amor e da felicidade. Assim agradeço a grande homenagem imerecida que hoje me fizeram, assim agradeço a Bondade Infinita de Deus e assim abençoo para que todos sejam fontes felizes, primavera feliz, que caminha para o oceano eterno, onde não haverá mais fim.

(Texto para programa da Rádio Aparecida, 1985)

2
Vida de missionário

Padre Vítor foi ordenado na Alemanha em 1923; retornou ao Brasil em 1924, sendo designado para trabalhar em Aparecida no atendimento aos romeiros, ajudando nas atividades pastorais e no atendimento pastoral nos arredores de Aparecida. Entre os anos 1931 e 1940, atuou na Equipe das Santas Missões Redentoristas: foi missionário itinerante nos estados de São Paulo, Minas Gerais, Goiás, Espírito Santo, Rio de Janeiro, Paraná, Santa Catarina e Rio Grande do Sul. Neste capítulo, transcrevemos alguns de seus escritos, relacionados com sua atividade missionária.

Vida de missionário

Meu primeiro trabalho pastoral, eu comecei como catequista. No primeiro ano de padre, o Redentorista não tinha direito de fazer nada, naquele tempo. Nossa pedagogia era assim; no começo, eu fui catequista e, logo depois, fui transferido para Araraquara-SP, mas eu voltei para Aparecida. Foi, então, que eu atendi minha primeira doente. Aqui eu batizava, celebrava missa, também visitava doente na roça. Eu fazia este trabalhinho: ia a cavalo para a roça ver os doentes, dava catecismo em Aparecida, ouvia confissão dos romeiros, fazia tudo que era batizado e ajudava muito nos casamentos. Depois de um ano, fui para Araraquara-SP e ali fui aluno do Pe. Estêvão Maria. Trabalhei muito em Araraquara. Oficialmente, eu entrei nas missões em 1930, mas já tinha pregado muitas missões, porque tinha aprendido tudo, logo no primeiro ano com o Pe. Estêvão.

Não percorri o Brasil inteiro, porque naquele tempo nós não tínhamos avião. Eu conheço Goiás, Minas Gerais, Espírito Santo, Rio de Janeiro, São Paulo, Paraná, Santa Catarina e Rio Grande do Sul. Esses foram meus campos de ação. Preguei muito; cheguei a pregar catorze missões grandes em um ano, entre 1933 e 1940. Estive nas principais cidades e fui chefe das principais missões. Em 1939, as missões grandes estavam todas sob minha chefia, por causa da escola na qual aprendi. Padre Estêvão ficou doente em 1933, e eu então fui ensinando aos padres que chegavam: Pe. Oliveira, Pe. Márti, Pe. Miné foram aprendendo comigo e com o Pe. Andrade, que era meu companheiro. A tradição do Pe. Estêvão foi transmitida por nós.

As viagens eram gostosas; eu gosto muito de viajar. O duro era o confessionário; chegamos a ficar onze noites até meia-noite no confessionário, para levantar de manhã cedo, às 5 horas. O trabalho era duríssimo! Éramos poucos e a tarefa imensa. Aqueles padres alemães, de ferro, ensinaram-nos também a ser de ferro. Sem nos gabar, nós tínhamos uma força de vontade enorme.

(Texto para programa da Rádio Aparecida, sem data)

Coisas da fé

Quem sai pela janela é, mais uma vez, o pombo das recordações. Ele voa 24 anos sobre os dilúvios misteriosos e profundos da vida de um jovem padre que conheço muito bem. Voa e vai pousar perto de um ranchinho no meio de jabuticabeiras, no fundo de uma barroca encravada nos cimos da Serra Quebra-Cangalhas.

Foi ali que aquele jovem padre sacramentou o primeiro doente. Cavalgara algumas horas, sob o sol ardente de dezembro para chegar, de tardinha, à fazenda do Manuel Pereira, ao pé da Serrania. Manoel Pereira era um português velho, corpulento e de grande coração. "O seu padre, esse cavalo vai dar com o senhor em algum precipício. São perigosos os trilhos que o padre vai ter de percorrer. Permita que lhe arreie a minha mula, animal forte e firme..." O Padre aceitou.

Caboclo de meia-idade, montado em um bom alazão; o guia troteava à frente. E lá se foram, ora por espigões, cafezais muito a prumo, ora subindo em matos e depressões escuras, onde já piscavam incontáveis vaga-lumes. O padre levava consigo o Santíssimo.

Quando atingiram o alto, que maravilha! No pôr do sol, o imenso vale do Paraíba aconchegava-se aos cumes da Mantiqueira, que se perdiam ao longe. O rio parecia uma caprichosa faixa de prata, toda pontilhada de luzes e cidades. E uma quantidade grande de estrelas ia respondendo para a escola noturna. Mas não era a contemplação que conduzira os viajantes até ali.

Mergulharam na pequena casa de pau a pique, praticamente um pequeno rancho no meio das jabuticabeiras. À porta os aguardavam um velhinho de longas barbas, a esposa curvadinha, de rosto cheio de rugas, e uma criança pequena, vestida com uma camisola branca, ajustada à curva exagerada da barriguinha. Rancho de pau a pique dividido em quatro compartimentos. Em um deles estava a doente tuberculosa de 18 anos, em estado quase de agonia.

Casara-se a pouco mais de um ano. O filhinho morrerá logo, e o marido a havia abandonado quando a viu tuberculosa. Assim voltou, a pobrezinha, para morrer no casebre da serra, onde nascera.

Alquebrados, os velhos não podiam cuidar bem da enferma, que jazia em uma esteira imunda, coberta de farrapos e cercada das imundícies da doença. O padre ficou uma hora, abaixado na cabeceira, abrindo as torrentes consoladoras da fé, sacramentando e transformando aquela alma em um altar vivo do Cristo crucificado.

"Papai, disse ela ao velho, agora estou feliz. Vou para o céu e não darei tanto trabalho à coitadinha da mamãe!"

Serviram ao padre uma tigelinha de café adoçado com garapa e torradas duras, muito duras. A voz embargou na garganta do jovem padre, quando, já montado, viu o velho que, da soleira da porta do casebre, erguia a mão para o céu agradecendo a Deus a visita do padre.

O pombo não voltou logo, mas atirou-se nos espaços do futuro e foi pairar sobre o último dia da humanidade. Ali estava Jesus em seu trono de glória. À direita, o caboclo, o guia. E Jesus, voltando-se para ele, disse: "Vem, bendito de meu Pai, porque eu estava enfermo e me visitastes". E o caboclo perguntou: "Quando o vi e o visitei, Senhor?" E Jesus respondeu: "Sempre que deixaste teu sítio e buscaste o padre para os enfermos. E muitas vezes o fizeste. Pois, saiba que foi a mim que o fizeste, bendito de meu Pai".

(Artigo publicado no Jornal Santuário, 1948)

Idílios de missionário

As ferraduras arrancavam faíscas das pedras, pela velha estrada. Um moço cavalgava à frente do missionário, que, bem montado, levava os apetrechos para rezar a missa e ministrar os sacramentos. Iam visitar um doente às margens do rio Meia-Ponte, na região onde hoje está situado Goiânia, que, naquele tempo, só existia nos sonhos vagos de seus criadores.

Os dois cavaleiros galgavam as encostas da serrinha, rumo ao planalto de quase mil metros de altitude. Inesquecíveis paisagens goianas...! O coração sente-se como que imerso na imensidão daqueles horizontes e nas insondáveis amplidões azuis, com nuvens lúcidas a navegarem para o infinito. Planaltos onde cabeceiras dos grandes rios parecem Iara, Mãe D'Água, dormindo à sombra dos buritis. Ali correm as emas velozes, e, nas tardes bonitas, as seriemas entoam em coro bem revezado os presságios de bom tempo. As caraíbas vestem-se de ouro no mês de agosto. Os pequis são árvores de beleza e bondade maternal. Ninguém jamais catalogou as mil florezinhas do cerrado e do chapadão. Só o viajante sabe avaliar a delícia das mangabas e dos araticuns perfumosos a rivalizarem com as gabirobas, cajus e pitangas rasteiras e outras muitas frutas gostosas. Deus é sábio, poderoso e bom. As maravilhas do universo são apenas um pequeno rastro impresso pelo criador na poeira do nada.

Alongaram-se as sombras, e o jantar fumegava pelos sapês fuliginosos da cozinha, quando os dois apearam à porta do rancho. Reuniu-se muita gente das redondezas, bem vestidos. A vinda de padre Redentorista, por todas aquelas vastas léguas de sertão, equivalia à pregação de uma missão.

Estouraram foguetes, tocaram sinos, de atender o doente seguiram confissões, rezas, pregações, noite adentro... alta noite. Os paus a pique do velho rancho deixavam entrever os seis compartimentos e os grupos de pessoas dormindo pelos cantos. Só o padre teve privilégio de um quarto só para si. Entrava pelas estacas da parede a lua cheia. Lá fora, o vento balançava a laranjeira de cor prata. Tudo muito lindo.

Mas o encantamento durou pouco: os alvos lençóis e o traiçoeiro cobertor de algodão colorido encobriam um colchão, todo povoado de bichinhos vampiros e malcheirosos, inclusive o enorme e nojento barbeiro, transmissor da doença de chagas. Uma semana após, no velho convento de Campinas, o Irmão da lavanderia estava completamente atarefado com desinfetantes e água fervente. Assim os bichinhos não conseguiram entrar para o convento. Não tinham vocação.

(Artigo publicado no Jornal Santuário, 1954)

3
Formação cristã

Padre Vítor ficou conhecido como um grande pregador. Falava de Deus, de questões relacionadas com a fé, de prática religiosa, de Bíblia, de Sacramentos, de espiritualidade e de outros tantos temas de maneira simples, de modo que era facilmente entendido por todos. Ele se preocupava com a formação religiosa do povo, por isso sempre procurou usar dos meios disponíveis para falar de Deus, da fé e da doutrina cristã.

Deus Criador

Uma das joias de nosso Brasil, recanto privilegiado de Campos do Jordão, é sem dúvida o pico do Itapeva. Das alturas vertiginosas desse ponto de destaque da serra da Mantiqueira, abrimos admirados os olhos do corpo e da alma para as maravilhas da natureza. Como é grande ali o mundo! Nos horizontes azuis, divisam o Itatiaia com as Agulhas Negras. Mais próximos avultam os moles da Bocaina, as ondulações da Serra do Quebra-Cangalha, da Serra do Mar: vagas de um oceano de escarpas, que se estendem até a remota Serra de Guararema e os planaltos do Piratininga nos arredores da capital.

Todo esse oceano de montes abraça em um amplexo de gigante o Vale do Paraíba, rio sagrado, a desenhar em voltas caprichosas a letra inicial da Maria

Virgem Aparecida, ao longo de inúmeras povoações, terras e cidades, que alvejam como cândidos rebanhos por entre prados, arrozais e florestas.

O imponente silêncio da solidão e o insólito fascinante dos abismos e dos cumes, que penetram as nuvens, enchem nosso ânimo do sentimento de pequenez em face da grandeza de orbe. Mas como é relativa a sensação de pequenez e de grandeza.

Escutem: quando alguém de nós, em noites claras e frias, saía sozinho ao parque do sanatório, a mergulhar os olhos na profundeza do céu, a procurar estrelinhas amigas e envolver o espírito na poeira branca das nebulosas, pensando no eterno e no infinito...

Pequenina, então, a terra se lhe afigurava, qual uma baleia a nadar no espaço, acompanhando o sol, milhares de vezes maior que ela, por sua vez, apenas uma das incontáveis faíscas luminosas no véu de estrelas que o povo denomina "Caminho de Santiago" ou "Via Láctea". E a Via Láctea nada mais é do que uma entre milhões de nebulosas a vagar no silêncio incomensurável do universo.

Nesse imenso relógio tudo se movimenta com exatidão matemática, revelando a existência de uma inteligência e poder que nos empolgam. Tudo nos prova que Deus existe... "Cantam os céus as glórias de Deus, e proclama o firmamento a obra de suas mãos". Ou como reza outro salmo: "Bendize minha alma ao Senhor... Senhor, meu Deus, como sois grande... de majestade e esplendor estais vestido. Envolvido da luz como de um manto...! Estendeis os céus como um pavilhão".

Maravilhoso esse Salmo 103 em que a alma crente de poeta se extasia diante das grandezas do Criador, imaginando o céu como o trono de Deus, o luar como seu manto, as nuvens como seu carro, os ventos como seus mensageiros. Um hino de louvor com descrições deliciosas da natureza e com aquele desfecho entusiasmado: "ao Senhor Glória eterna: alegra-se, em suas obras, o Senhor. Ele que faz tremer a terra com seu olhar. E com seu contato inflama as montanhas.

Cantarei ao Senhor em toda a minha vida. Entoarei hinos a meu Deus no resto dos meus dias... Minha alegria coloquei no Senhor... Não existam mais ímpios. Bendize, minha alma, ao Senhor! Aleluia".

(Artigo publicado no Jornal Santuário, sem data)

Deus e homem verdadeiramente

Quem? Jesus! Sim, é de Jesus que o evangelho nos fala. Mas Jesus sendo Deus como pode ser guiado pelo Espírito Santo? E como pode Deus ser tentado pelo diabo? Assim perguntaria uma pessoa mal instruída em religião, ignorando ou esquecendo que Jesus é Deus, sem dúvida, mas Deus, que se fez homem.

Antes de o mundo existir, há, em existência eterna, o espírito infinito e perfeitíssimo que se chama Deus. Esse Espírito absoluto tem em si três personalidades: a primeira Pessoa traz o nome de Pai. A segunda Pessoa, de Filho (e é o pensamento único e íntimo em que o Pai se conhece a si mesmo). O Filho também é chamado Verbo, Pensamento, Palavra do Pai. A terceira Pessoa se diz: Espírito Santo.

Isso é um mistério. Nós não compreendemos como o Pai, o Pensamento do Pai e a união do amor mútuo dos dois possam constituir três pessoas distintas, nem entendemos como um só Espírito possa ter três personalidades reais e distintas. Assim é. Deus o ensinou.

Cremos ainda que Deus criou a alma de Jesus. Começou a existir também o corpo sagrado do Senhor, formado do sangue puríssimo da Virgem Maria. Ora, a segunda Pessoa de Deus (que se chama Filho, Pensamento, Palavra eterna do Pai) tomou para si aquela alma e aquele corpo. O Filho eterno do Pai fez-se Filho da Virgem. A alma e o corpo de Jesus foram unidos substancialmente ao Verbo de Deus. Assim Deus (a segunda Pessoa) se fez homem, sem deixar de ser Deus.

Agora é fácil concluir: a alma humana de Jesus foi repleta de graça e vida divina por pertencer ao Filho Eterno. E foi sempre guiada pelo Divino Espírito. Essa alma que é em tudo semelhante a nossa, menos no pecado, assim podia ser tentada. E nós lemos que foi "levada pelo Espírito Santo ao deserto para ser tentada pelo diabo".

Torna-se clara a passagem de Isaías: "Sairá um ramo da raça de Jessé (a Virgem Maria) e, de suas raízes, brotará um rebento (o Cristo). Sobre ele repousará o Espírito do Senhor: o Espírito da sabedoria e da inteligência, o espírito do conselho e da força, o espírito da ciência e da piedade, e ele será cheio do espírito de temor (respeito) do Senhor". Lemos ainda que: "pelo impulso do Espírito Santo, (Jesus) voltou à Galileia" (Lc 4,14); pela ação do mesmo Espírito expulsava os demônios dos possessos (Mt 12,28); movido pelo Espírito Santo, alegrava-se e agradecia a seu Pai (Lc 10,21) e, como atesta São Paulo (Hb 9,14), foi impelido pelo Espírito Santo, que consumou o santo sacrifício na cruz.

A alma de Nosso Senhor tornara-se a alma do Verbo de Deus (isto é, do Filho Eterno). Além disso estava cheia de graça santificante e só operava guiada e inspirada pelo Divino Espírito. Jesus é Deus e homem verdadeiramente. Que mistérios admiráveis em Nosso Senhor Jesus Cristo! Como é bom conhecê-lo para o amarmos.

(Artigo publicado no Jornal Santuário, 1950)

Olhai os lírios do campo

Imaginemos um pequeno riacho límpido que despenha da alta serra, serpenteando pelas matas, a brincar com a begônia e as samambaias do grotão. Vai cantando com voz de prata, melodias infantis, no concerto da floresta agitada pelo vento.

Quando, há sete anos, um doente subia triste as encostas daqueles montes, fugindo da morte que o seguia como sombra, o pequeno curso de água deslizava, saltitando, jubiloso, rumo às várzeas exuberantes e aos longínquos oceanos. E o coração dorido do enfermo perguntava: "Por que corres tão contente? Donde vens? Para onde vais?" Nos versos de um grande poeta o pequeno riacho respondia: "Venho do seio escuro de um rochedo. Meu leito é todo de flores e musgos verdejantes. Em mim se espalha o belo azul do firmamento. Por isso tenho alma simples e feliz de criança. Impele-me alguém, não sei para onde, mas sigo despreocupado. Aquele que me chamou das entranhas da pedra-mãe será, sem dúvida, meu guia e protetor na jornada.

Caríssimos, não é ilusão adulterada e vã, gerada no cérebro do poeta, a fé em Deus que tudo sabe, que ama e que tem cuidado de nós. "Uma formiguinha preta, em uma noite negra, em pedra escura: Deus a vê", reza um provérbio árabe. "Não cai do teto um filhotinho de pardal, sem que vosso Pai Celeste consinta", diz Jesus.

Enquanto escrevo, os pássaros lá fora soltam livremente seus gorjeios. Não plantam e não colhem e não ajuntam em celeiros, mas vosso Pai Celeste os sustenta.

Como os lírios do sermão da Montanha, as primaveras floridas, em plano inverno, cobrem os claustros do convento. Também elas não tecem e não fiam, mas nunca o rei Salomão, em toda a sua glória, jamais se vestiu como uma dessas florezinhas, que, hoje, são, e amanhã terão desaparecido.

Ninguém viva preocupado e melancólico! Só uma coisa é necessária: que de nosso coração, como de um turíbulo, subam os pedidos ao Pai do Céu.

Mesmo que desempenhemos, quais riachos da serra nas grotas do infortúnio, não se perturbe nosso espírito. Tudo Deus converterá em bênçãos, rumo à pátria celeste, onde não haverá mais lágrimas nem dor. E bendita seja a delicadeza da providência que nos deu: no coração de Maria, um consolo maternal para as horas críticas da existência.

(Artigo publicado no Jornal Santuário, 1949)

Não era sonho

Sonhei que eu vinha vindo para o mundo em uma pequena "arca de Noé", dependurado ao bico de uma cegonha, voando pelas nuvens do espaço. Aquela barquinha era minha alma.

Mesmo em sonhos eu sabia. E uma grande aflição se apoderou de mim porque dentro do barco havia um animal sinistro de olhar vermelho como brasas. O monstro divertia-se alimentando sete corvos malcheirosos e atrevidos, que blasfemavam, cada qual de seu próprio nome, grasnando: "Soberba, Avareza, Luxúria, Ira, Inveja, Gula e Preguiça".

A cegonha atirou a barca sobre um dilúvio de ondas límpidas. Era meu batizado. O animal horrível precipitou-se por uma das janelas e desapareceu. Vi, então, que o Espírito Santo pairava sobre a pequenina arca, como um sol, enchendo-a de luz vivificante. A parede transformara-se em cristal transparente. O ambiente fora purificado e ornado, contudo os setes corvos não tinham sido expulsos, mas presos em gaiolas de ferro. No íntimo da arca, levantara-se um altar, sobre o qual baixava o sol. Ali divisei um cordeirinho alvíssimo, que parecia imolado. Sete fontes com as cores do arco íris brotavam do sopé do altar. Só então percebi que as velas do barco se inflavam ao sopro de sete ondulações que partiam do sol. Os mastros e as antenas gemiam pronunciando harmoniosamente os nomes das sete ondulações: "Sabedoria, Entendimento, Conselho, Ciência, Fortaleza, Piedade e temor de Deus".

Quatro nuvens de incenso subiam de um turíbulo colocado ao pé do altar. E eu lia nas quatro espirais perfumadas: "Adoração, Agradecimento, Súplica e Reparação". E o Espírito Santo suscitou das águas límpidas três pombos dourados, em que rebrilhava o fulgor do próprio Sol. Um tinha os olhos luminosos, outro, no bico, um ramo verde de esperança, o terceiro soltava uma sonoridade harmoniosa de amor.

Mais quatro pombos cor de prata... mais toda uma nuvem de pombos brancos surgiu das ondas misteriosas. E voavam pelas sete ondulações que inflavam as velas. Os quatros pombos prateados eram guias dos outros e se chamavam: Prudência, Justiça, Fortaleza e Temperança. E minha vista se confundia no meio daquela revoada. Não pude ler todos os títulos, mas vislumbrei os nomes de: Humildade, Amor ao Próximo, Misericórdia.... Eram as virtudes. E todo o bando foi pousar na arca.

A bordo, uma mulher vestida de sol, com a lua a seus pés e coroada com 12 estrelas. Guardava em seu coração um livro intitulado: "Palavra de Deus". O nome oculto da mulher era: Santa Igreja, mas ela trazia bem claramente escrito nas vestes o nome de Maria. De seu olhar irradiava uma luz suave, que inebriava e confortava o coração.

Como timoneiro, vi um anjo protetor, que me acenou e, entregando-me o leme, disse: "Eis que tua arca se tornou um templo de Deus. A ti entrego, por ordem do altíssimo, seu governo. Feliz de ti se bem a dirigires. Eu serei teu companheiro de viagem. Alimenta-te das sete fontes do altar e da luz que emana dos olhos da mulher vestida de sol. Não deixes faltar incenso no turíbulo. E guarda carinhosamente os lindos pombos do Divino Espírito. Ele e a 'Mulher Bendita' serão guias nas rotas impostas pelo Senhor".

Mostrou-me, então, um mapa onde os roteiros estavam indicados em 10 linhas nitidamente traçadas e concluiu: "Chegaremos felizes às praias eternas. Ali verás a Deus face a face e o possuirás para sempre. O perigo está em te deixares fascinar pela magia dos sete corvos. Não os livre daquelas jaulas. Soltos profanarão o altar do cordeiro, o Sol fugirá para longe; os pombos serão trucidados; a arca será corrompida; e o animal horrível de olhos vermelhos voltará com sete feras piores do que ele. E teu barco despenhará nos abismos da noite eterna". Acordei...! Tudo fora puramente um sonho? Não, eu sonhava com a mais real verdade.

(Artigo publicado no Jornal Santuário, 1950)

Amor e reparação

O coração de Jesus é humano como nosso coração, embora unido intimamente à Segunda Pessoa de Deus. É humano porque experimentou, em grau indescritível, as mágoas e aflições, que nos abatem. Naqueles 33 anos, desde o presépio de Belém até o último suspiro na cruz, Jesus via a cada um de nós como se fôssemos as únicas criaturas do mundo. E ele nos conheceu melhor do que nós mesmos. Todos nós estivemos diante da alma bendita e amorosa de Nosso Senhor, em uma clareza jamais alcançada pela nossa própria consciência.

Isso se tornou possível e real, porque o espírito humano de Jesus foi sempre aclarado pela Divindade, a que se unira, na Pessoa do Verbo Eterno. Assim todas as ingratidões e pecados de todos os milhões de homens, todas as fraquezas, misérias, padecimentos, desgraças da humanidade e, mais que tudo, o mal que há na ofensa a Deus infinitamente bom e santo, Jesus viu.

Sim, todo esse negro panorama pairou como um terrível pesadelo diante da alma boa e inocente do Filho da Virgem. E, porque seu amor é maior que o oceano, também foi indescritível o sofrimento que o entristecia. Pensemos bem essa verdade, para compreendermos as palavras de Jesus a Santa Margarida Maria: "Aqui está o coração que tanto amou... e que, em retribuição, só tem recebido ofensas e ingratidões".

"Amor e reparação", eis o grande brado que percorre o mundo, principalmente no mês de junho. Nosso amor a essa vítima terníssima tem de ser um amor de reparação, expiação e penitência. Bendito os que forem arrastados pela torrente que jorra do Calvário, do sacrifício da Missa e da Comunhão.

(Artigo publicado no Jornal Santuário, sem data)

Consciência

Um carro não pode viajar em noite escura com os faróis apagados. O refletor que projeta luz, na trajetória de nossa vida, chama-se: Consciência. Consciência quer dizer: juízo de nossa razão sobre a bondade e a malícia de cada uma das ações que se nos apresentam para serem praticadas ou omitidas. Por exemplo: alguém acha na rua uma carteira com considerável quantia em dinheiro. Imediatamente, o juízo da razão pronuncia-se no íntimo da lama, dizendo: "Não te é permitido ficar com esse dinheiro; deves procurar o dono!" Eis a consciência. A vontade do homem é livre e, assim, pode obedecer à fala da consciência ou desprezá-la. Ora, contrariar esse juízo é cometer pecado; é o mal. Igualmente, torna-se indigno do homem praticar atos livres, sem primeiro ter formado uma consciência clara da bondade ou maldade dessas ações. Tão louco seria um motorista que, em plena luz, atirasse o carro contra pessoas, casas e abismos; doidos seriam também os que se aventurassem pelas estradas, à noite, sem faróis. Mas, que é a bondade, que é a malícia, para que a consciência possa formar um juízo acertado?

Se perguntássemos a um nacionalista: "O que é o bem? "Ouviríamos por resposta: "Bem é o que aproveita meu povo; e o mal é o que prejudica minha nação". Assim "Justificaria" os mais horrorosos crimes. Se nos dirigíssemos a um liberal rico e influente e perguntássemos o que é o bem, ele responderia: "O bem é a liberdade sem Deus e sem peias". Uma "liberdadezinha", assim, "camarada", que deixa os "peixões" devorar todos os "peixinhos"!

Ouçam ainda a resposta de um autêntico socialista: "Bem é tudo que favorece a vitória do Partido. Tudo o que os dirigentes mandam". Mentiras, calúnias, julgamentos falsos, massacres, guerras etc. são coisinhas santas, contanto que levem o partido. Nosso Senhor diz, no Evangelho, que, se a luz de nosso espírito for as trevas do erro, seríamos totalmente criaturas tenebrosas. Chamaríamos de bem o mal e de mal o bem. O verdadeiro e supremo padrão de toda a bondade é o próprio ser divino: moralmente bom é todo aquele que, no ser e no proceder, assemelha-se ao ideal eterno. E Deus gravou essa norma na natureza humana, porque "fez do ser humano sua própria imagem e semelhança", de onde resulta haver uma lei natural.

A sabedoria infinita traçou caminhos no Monte Sinai, os Dez Mandamentos, normas claras de toda justiça e caridade. Finalmente, o Pai mandou-nos seu próprio filho, que, fazendo-se homem, tornou-se "o caminho, a verdade e a vida", "a luz que ilumina todo homem e toda mulher que vêm a este mundo. Quem me segue não anda nas trevas".

Jesus assim falou, e o esplendor de sua verdade não se apaga para nós, porque ele fundou uma Igreja e prometeu assisti-la, para que ela nunca erre no ensinamento da Doutrina. A Pedro e à Igreja Jesus dirigiu palavras como estas: "Tu és Pedro (rochedo) e sobre esta pedra edificarei a minha Igreja... Tudo que ligares na terra será ligado no céu e tudo o que desligares na terra será desligado no céu". "Quem vos ouve a mim me ouve, quem vos despreza a mim me despreza; quem me despreza despreza ao Pai, que me enviou." "Eu ficarei convosco até o fim dos séculos." A doutrina e a moral de Cristo, ensinadas pela Igreja, devem, pois, ser o refletor que ilumina nossa consciência em todos os atos de nossa viagem pelo mundo. Deus é o bem supremo. Verdadeira é a consciência iluminada pela doutrina. Mas Jesus, na Santa Igreja, não é somente o caminho e a verdade, Ele é também a vida, a força, sem as quais não podemos ser bons: da bondade sobrenatural.

(Artigo publicado no Jornal Santuário, 1949)

A escolha

Os descrentes e pecadores "disseram-se uns aos outros no desvario de seus pensamentos: curto e triste é o tempo de nossa vida. E quando vem o fim do homem não há remédio. Não conhecemos nada que tenha voltado da morada dos mortos. O acaso nos trouxe a vida; e depois deste mundo seremos como se nada tivéssemos sido. O alento de nossa vida é o limo da terra. O pensamento não passa de uma faísca que chispa e que, ao bater no coração, será cinzas. Nosso espírito se dissipará como brisa. Nossa vida passará como um traço de nuvem e se desfará como a neblina, que os raios do sol afugentam e o calor evapora. Venhamos, pois, e gozemos dos bens que verdadeiramente existem. E usemos das criaturas com ardor juvenil. Bebamos com profusão do vinho preciso. Banhemo-nos em perfumes. Não deixemos passar a flor da primavera. Coroemos de rosas antes que murcham. Não haja um jardim florido por onde não deslize nossa luxúria. Fiquem, por toda parte, sinais de nossas diversões, porque esse é nosso ofício e nosso destino. Oprimamos ao justo e ao pobre. Não respeitemos os cabelos brancos da velhice, carregada de anos. A força seja a lei da justiça. O débil não serve para nada. Persigamos ao justo, pois ele nos é inútil, é contrário a nosso modo de pensar e agir; atirem-nos no rosto os pecados nossos contra a lei e nos arremesse à face nossa falta de educação..." A palavra de Jesus, porém, e a vida dos santos nos dizem o contrário: felizes os pobres de espírito, porque possuirão a terra. Felizes os que choram, porque serão consolados. Felizes os que têm fome e sede de justiça, porque serão saciados. Felizes os misericordiosos, porque alcançarão misericórdia. Felizes os pacíficos, porque serão chamados filhos de Deus. Felizes os que padecem perseguição por amor da justiça, porque deles é o reino dos céus. Felizes sois vós, quando vos caluniarem e disserem todo tipo de mal contra vós por minha causa: Alegrai-vos e exultai, porque será grande vossa recompensa nos céus!

(Artigo publicado no Jornal Santuário, 1949)

Humildade, verdade e paz

Certo dia, houve uma grande discórdia entre as aves do galinheiro e as raposas. Um repórter de ânimo pacificador dirigiu-se ao galo, chefe do galinheiro, para uma entrevista. Este, ao ouvir a palavra "raposa", soltou um "có-có-có" estridente, que fez bater descompassado o coração da galinhada. A agitação se levantou daquela gente plumosa, em um pandemônio de uma sinfonia futurista. O galo, como solista, dominava toda a lamuriosa orquestra, lamentando: "A raposa! ... Animal horrendo, astuta hipócrita, quando impotente ao mal. Violenta, sanguinária e desconhecedora do direito, quando não encontra barreiras! Meu povo tem sido vítima, este que é um povo bondoso, honesto e botador!" Atordoado, o repórter viu que melhor seria bater em retirada. Os pintainhos o acompanharam até a saída, mais interessados em quirera do que em querelas.

A reportagem com a raposa foi toda em francês. O animalzinho, diplomaticamente, foi anunciando que não agia por egoísmo e instintos baixos de gula e crueldade. Era apenas um "revoltado". Sua alma bem-intencionada insurgia-se contra a injustiça social do fazendeiro, que, mantendo importante granja moderníssima e luxuosa para galináceos, tinha enormes lucros e pagava muito pouco aos empregados, menos bem tratados que as próprias galinhas. Indignava-se contra o orgulho do galo, as más línguas e muitas outras desvirtudes do galinheiro. Fracassou a diplomacia do jornalista, porque entre os bichos, como entre os homens, não se encontra muita verdade; não somente o mundo carecerá sempre das bases de reconstrução, que consistem na confiança e na lealdade, como faltará também a humanidade para a reconciliação.

A grande obra "Imitação de Cristo" diz, no livro no cap. 11: "Quando o homem se humilha pelas próprias faltas, aplaca facilmente os outros e sem custo se reconcilia com os que se irritam contra ele". Quem seriamente deseja manter a caridade cristã e desfazer discórdias deve começar pela palavra: "Eu pecador me confesso..."

(Artigo publicado no Jornal Santuário, sem data)

Indiferentismo

"Passei pelo campo do homem preguiçoso e pela vinha do insensato, e vi que tudo estava cheio de mato, e que o muro de pedras estava caído." O campo do preguiçoso é a alma e a vida de quem se entrega ao indiferentismo religioso. O sétimo pecado capital, a preguiça, não significa diretamente o desamor ao trabalho. Não. O verdadeiro sentido desse pecado é a soberba, que, independentemente de rebeldia, no espírito humano, aos poucos, vai deixando de escutar, passando a desprezar a Deus e às coisas divinas, para se consagrar ao egoísmo e às utilidades passageiras do mundo. Bens, dinheiro, divertimentos, delícias, sucesso, mando e glórias: são fumaças inebriantes de ópio que nos deixam atordoados e nos fazem sonhar. E o homem sonha que Deus é um sonho... um sonho de amor eterno, de Criador, de Pai e de redentor; sonho de cruz, de vida eterna, de responsabilidade, de céu e de inferno... tudo um sonho.

Pelo contrário, afiguram-se muito reais e concretos: o bom leito, o jantar suculento, os estudos, o trabalho, o salário no final do mês..., o lazer do fim de semana, o cinema, a política, o amor. Sonhadores desse jaez fizeram o apóstolo Paulo exclamar, chorando: "Gostam só das coisas da terra! O Deus deles é o estômago e o fim, a maldição!" As crianças que não quiseram participar da igreja, da oração da catequese, os jovens que estão longe de pertencer aos movimentos católicos e que não dão importância à missa dominical, à comunhão, à prece; os homens que são peritos e ativíssimos em técnicas e ciências, mas analfabetos na doutrina e estranhos ao Cristo, em cujo sangue foram batizados, que só entram nas igrejas para batizados, casamentos e missas de sétimo dia, sim, são eles: "O campo do preguiçoso e a vinha do insensato".

Assim é o indiferentismo religioso. E a parábola da vinha continua: "E vi que ela estava coberta de urtigas". Matagal de pecados! Quem se esquece de Deus não tem mais base para a consciência. Sem consciência, não pode haver justiça e caridade. O egoísmo e as paixões ficam sendo, aberta ou hipocritamente, a norma de proceder. Triste quadro das almas e da sociedade...!

"E os espinhos cobriam toda a superfície", diz ainda a parábola. Espinhos de remorsos, desgraças e maldição. Não é verdade, meu leitor, que, mais ou menos, cada um de nós é esse "preguiçoso e insensato"? Cumpre convertermo-nos todos os dias, porque constantemente nossa fraqueza deixa medrarem as "urzes" e os "espinhos" na alma.

A confissão, eucaristia e a oração são "os muros" que nos defendem, moldam-nos e nos purificam.

(Artigo publicado no Jornal Santuário, 1949)

Vós me recebestes

Dar pousadas aos peregrinos é uma obra de caridade a que Jesus se refere no evangelho do Juízo final. Receber em casa estranhos, que precisam de abrigo, alimento e proteção, não é bondade puramente cristã. Todos os povos cultivaram essa virtude: uns, por religião; outros, por superstição; e outros, por sentimento humanitário. A visão mercadológica capitalista de nosso século frio e egoísta vai diluindo tão bela virtude. "Pague um hotel quem quiser viajar." Nas fazendas brasileiras, chegasse quem viesse – padre, soldado, boiadeiro, mascate, família... – era recebido respeitosamente. Quando um camarada desarreava, davam-se milho e pasto aos cavalos. As senhoras entravam na parte interior da moradia, para ficar com a esposa e as filhas da casa. Os homens, não parentes, não passavam além das duas salas, respectivamente, de visita e jantar, com as quais comunicavam as alcovas, quartos de dormir só para hóspedes. Serviam-se farto jantar de carnes de galinha, porco e vaca; arroz; feijão, três espécies de farinha (de mandioca, milho e de fubá torrado), couves, taiobas, jilós, mandioca, batata, palmitos doces e amargos, molhos de tomate, cebola e pimenta. Quase não se bebia à mesa. Poucas eram as frutas e havia muita fartura de doces. Passavam-se as horas entre cigarros e prosas até lá pelas nove horas da noite, quando vinha a bacia de água morna para os pés. Então o fazendeiro comandava todo amável: "Vamos comer leite!" E o branco líquido era verdadeiramente comido, tanto que se lhe ajuntava a mistura de farinhas, canjicas e angus. Os lençóis limpinhos e as colchas, fabricadas no tear da fazenda, acolhiam finalmente o sono fatigado dos viajantes. Na hora da despedida, as mulheres apareciam, meio às escondidas, nas janelas.

O mundo abusa de tudo, também da hospitalidade. Ora, não faz mil anos que em um convento da velha Europa elegia um novo abade. Este, bastante colérico, irritou-se com a quantidade de aproveitadores, que formigava na hospedaria do mosteiro. Logo à entrada havia uma grande tabuleta: "Porta aberta — nunca proibida a entrada". O abade mandou passar o traço para depois da palavra "nunca" e, assim, inverteu o sentido da inscrição que então se lia: "Porta aberta nunca — proibida a entrada". O povo e os frades se escandalizaram. O abade foi deposto e encarcerado.

Construir e sustentar orfanatos, cidades de menores, asilos de inválidos, albergues noturnos e creches, onde a alma e o corpo recebem luzes da fé e conforto material, eis o modo muito atual da hospitalidade. Fazer que todas as famílias operárias adquiram casa própria é hospitalidade; é também hospitalidade construir moradias decentes para empregados das fazendas, não permitindo que estes morem em casebres e ranchos miseráveis.

No fim do mundo, Jesus dirá: "Eu estava desabrigado e vós me destes teto e conforto. Vinde, benditos de meu Pai".

(Artigo publicado no Jornal Santuário, 1954)

A inveja

O povo inverte o sentido de certas expressões ou lhes dá um conteúdo muito diverso do verdadeiro. "Inveja", por exemplo, no dizer popular, significa erroneamente o desejo e a vontade, que alguém acalenta, de participar de um bem, uma vantagem que outros possuem. Inveja não é desejar um bem para si, mas, sim, entristecer-se com a sorte e prosperidade de outro. Nisso está o genuíno conceito de inveja: que a gente não queira ver o próximo fruir de boa sorte que Deus lhe deu. Saul acabrunhava-se de amarguras, porque o jovem Davi era mais amado e louvado do que ele.

Satanás tem uma esposa muito feia: a Soberba. Essa harpia do inferno vive batendo as asas, no desespero inútil de colocar um trono acima das estrelas e teimando na tola vaidade de não reconhecer a Deus como Senhor e como Fonte de todo o bem. Quando a soberba se aninha na alma do ser humano, deposita ali um ovo pálido e malcheiroso, sobre o qual Lúcifer insufla a essência de própria depravação. Nasce a inveja, o mais detestável dos pecados contra o Espírito Santo; contra o Divino Espírito, que se caracteriza pela bondade e doação, ao passo que a inveja tem olhos maus, justamente, porque Deus é bom e doador.

Astuta, por vezes, ela se veste de mantinho com uma tonalidade diferente, para disfarçar a perfídia nas aparências do zelo e da virtude. Mente a si própria e tenta iludir a opinião pública, enquanto dispara a flecha sorrateira que fere e mata a prosperidade de alguém. Isso quando não se revela nua e fria como um focinho de cão. Calúnias, maledicências, injúrias, rixas, homicídios, guerras, escândalos, ruínas e pranto brotam desse vício diabólico.

Acontece, porém, que o maior prejudicado fica sendo o invejoso. Célebre lenda indiana nos fala de certo condenado, que gemia no fundo do inferno e ouviu uma voz do céu dizer-lhe: "Hoje mesmo poderás deixar esse lugar de tormentos, se tiveres praticado, ao menos, uma boa ação, em toda a vida." Verificando todos os cantos de sua consciência, encontrou a desejada boa obra, mas era a única: Ele salvara uma aranha caída na torrente. Imediatamente, viu uma aranha descer do céu tecendo um fio maravilhoso. E a voz o convidou a subir por ele. O venturoso galgava alturas vertiginosas por aquela ponte suspensa e já estava chegando ao topo, quando olhou para trás e viu numerosos infelizes que se escapavam pela mesma via. Gritou e protestou, sacudiu violentamente a teia, fazendo cair a todos. A teia, porém, rompeu-se e ele caiu.

Tomemos no espírito e no coração a caridade: desejemos para nós todos o bem, sim, mas peçamos a Deus que duplique e centuplique as dádivas a nossos irmãos. E não impliquemos com a sorte e os negócios alheios.

(Artigo publicado no Jornal Santuário, 1951)

Converter-se

"Chegar a Jesus" não é expressão oca, mas significa uma inversão de nossa personalidade, de sorte que o "eu" deixe de ser o principal em nós, para ceder a Deus o primeiro lugar. É uma batalha de nosso espírito; um trabalho duro de nossa lama, para que a verdade e o amor de Jesus se constituam na maior força de nosso íntimo. O convertido começa a ver as coisas como Jesus, começa a ensiná-las e a querer somente o que Ele quer.

Converter-se é abandonar o erro e o pecado para começar a vida sobrenatural e divinizada, cheia de renúncias e de paz. Ninguém o consegue se não for abalado pela ação da graça. O caçador Divino persegue a alma para libertá-la de toda ilusão e maldade, mas também para enchê-la de paz e harmonia nas relações com Deus, com o próximo e com ela mesma. Feliz o homem que não resiste obstinadamente. Passar de uma vidinha leviana, tíbia e cheia de defeitos, para a submissão amorosa e constante a Deus não é coisa menos difícil do que abandonar o pecado mortal e entrar na filiação divina. Uma e outra coisa são tão dolorosas como arrancar os olhos ou cortar fora a mão direita.

O caçador Divino nos espera em pontos imprevistos de nossa vida, para desferir setas que decidem nossa sorte temporal e eterna: uma missão, um retiro, uma pregação, uma palavra, um acontecimento doloroso, uma doença, o vazio e o tédio de quem buscou em vão ser feliz fora de Deus; o desejo de luz e de verdade no contato inesperado com a santidade e a beleza sobrenatural e, por vezes, uma banalidade... tais foram as setas de que se serviu o caçador Divino.

Atingida, a alma entra em crise.
Bem-aventurada será se, então, não fugir covardemente da face de Deus.
Bem-aventurada será se, nesse transe, recorrer sinceramente ao poder do alto.
Deus dá a todos a graça de orar. E quem orar sairá vitorioso. Realizam-se as palavras do Senhor: "Estou à porta e bato. Aquele que me abrir (a porta) comerá comigo, ceia misteriosa de santidade e de paz".

(Artigo publicado no Jornal Santuário, 1951)

Nossa confiança

Lemos em Jeremias a seguinte passagem: "maldito o homem que confia no homem (e não no Senhor) e se apoia no braço de carne, cujo coração se retira do Senhor, porque será infrutuoso como as tamargueiras do deserto e não virá chegar o bem, mas habitará em secura, no deserto, em uma terra salobre e inabitável".

A "Imitação de Cristo" também exorta, dizendo: "Não te apoies em ti, mas em Deus firma tua esperança. Faze o que está em tuas mãos, e Deus ajudará tua vontade. Não confies em tua ciência nem na indústria de nenhuma alma viva, mas na graça de Deus, que ajuda os humildes e humilha os presunçosos. Não te glories nas riquezas se as tiveres, nem nos amigos por serem poderosos, mas em Deus que tudo dá. Não te envaideças da robustez ou formosura do corpo, que é a menor enfermidade que enfraquece e desfigura. Não te comprazas em tuas habilidades e em teus talentos, para não desagradares a Deus, a quem pertencem todos os teus dons naturais. Não te ensoberbeças de tuas boas obras... Nenhum mal há em te colocares abaixo de todos; grande mal, porém, se ainda a um só te preferires. No coração humilde, paz continua; no soberbo, frequente o ciúme e a irritação".

E Jeremias continua: "Bem-aventurado o homem que confia no Senhor e de quem o Senhor é a esperança. Será como a árvore, que é transplantada sobre águas, a qual estende suas raízes para a umidade, e não temerá (a secura) quando viver o calor. Será sempre verde sua folhagem, e em tempo de seca não terá míngua, nem deixará jamais de dar frutos".

As criaturas só merecem nossa confiança enquanto são instrumentos de Deus e participam de sua providência. Assim os pais, os sacerdotes, os santos..., mas sempre, em Cristo, com Cristo e por Cristo, são dignos de nossa confiança.

(Artigo publicado no Jornal Santuário, 1951)

Jesus vem

Aproxima-se o Natal. Os corações se alvoroçam. Esses corações tão gulosos de felicidades...!

Muitos pensam que preparar um feliz natal é engordar perus para o banquete e comprar surpresas e presentes para os filhos e amigos. Bugigangas, ninharias, ilusões... Tudo isso pode estar muito bem, sim, mas tudo acabará em tédio, se faltar o principal. Ora, na festa de Natal, o mais importante só pode ser Jesus. Muitos se lembram das castanhas, das nozes e dos bons vinhos; inventam para as crianças a tolice de um velho barbudo, que não existe, mas não se recordam de Jesus. Não gostam dele, porque não traz um reino de comida, bebida e prazer grosseiro. Jesus não se encontra na algazarra.

O silêncio da "Noite Santa" lhes causaria pavor ou sono. Pobrezinhos! Não sabem que o íntimo de nosso espírito é o presépio misterioso, em que nos deparamos com o divino Amigo para o banquete de luz e do amor. Outros há que a tanto paganismo ainda não chegam, mas sentem calafrio a lhes descer pela coluna, quando a Igreja diz que a verdadeira preparação do Natal consiste na penitência. Imaginam que fazer penitência é sinal de jejum, privação e austeridade. Nisso vai um grande erro.

Penitência não denota castigos rigorosos infligidos ao corpo. Fazer penitência é recolher-se o homem ao íntimo do espírito para se colocar em face da justiça e da bondade de Deus; é meditar a Palavra divina para aceitar a luz da verdade; é sentir grande pesar das culpas cometidas; é clamar, pedir e orar; é tomar a cruz dos sacrifícios no cumprimento da lei de Deus. Isso é penitência!

Na parábola, quando o "filho pródigo" voltava arrependido de longas terras para o aconchego da casa paterna, o pai amoroso correu-lhe ao encontro. Assim acontece aos que se predispõem para o Natal, convertendo-se para Deus. A boa confissão faz parte integrante dessa conversão.

(Artigo publicado no Jornal Santuário, 1950)

Uma bela profecia

Na Bíblia, no capítulo 3 do livro de Baruc, há uma passagem muito bonita que se acha entre as profecias lidas na Vigília Pascal. Ali, à pergunta sobre a verdadeira sabedoria, responde-se que ela não foi encontrada pelos mundanos. Não acharam o lugar onde ela mora; não penetraram em seus tesouros. Eles, os príncipes e ambiciosos, preocupados com suas políticas, os mesquinhos, sedentos por ouro e prata, que andaram incansáveis sem pôr limites a suas buscas, sucederam-se em muitas gerações. Os jovens envelheceram e morreram.

Os filhos prosseguiram em suas obras. Não acharam a sabedoria, embora se dedicassem tenazmente às ciências, à prudência humana, à agricultura, às belas artes e à guerra. E pereceram porque não tinham sabedoria.

"Quem subiu aos céus e a tomou das nuvens?". "Quem atravessou o mar e a achou, e a trouxe de preferência ao ouro escolhido? Não há ninguém que possa conhecer seus caminhos, nem que descubra suas veredas."

"Mas aquele (Senhor) que sabe todas as coisas conhece-a, descobre-a por sua prudência, aquele que criou a terra para sempre e a encheu de gados e quadrúpedes, aquele que envia luz e ela vai; que a chama e ela obedece, tremendo."

"As estrelas deram luz em suas estâncias e alegraram-se. Foram chamadas e disseram: aqui estamos, e deram luz com alegria àquele que as fez."
Esse é nosso Deus, e nenhum outro lhe é comparável. Ele achou todo o caminho da ciência e a deu a Jacó, seu servo, e a Israel seu amado. "Depois de tais coisas, foi visto sobre a terra e conversou com os homens."
Essa profecia realizou-se em Jesus. Deus foi visto sobre a terra e conversou com os homens, quando o Verbo divino se encarnou no ventre sagrado da Virgem Maria e habitou entre nós. E a sabedoria de Deus tornou-se sabedoria nossa, nosso caminho, nossa verdade e nossa vida.

(Artigo publicado no Jornal Santuário, sem data)

Um episódio da Bíblia e uma grande lição

Há pouco as leituras do breviário versavam sobre a história de Absalão, rica de ensinamentos para nossos dias.

O rei Davi tinha muitos filhos, entre os quais sobressaíam Amon, o primogênito, e Absalão, jovem muito prendado, ambicioso e sem consciência, que acalentava o desejo de usurpar para si o trono. Ora, dez das doze tribos de Israel eram insufladas pelo espírito separatista contra a tribo de Judá, a mais forte e favorecida. Os generais entre si e os grandes da corte também se dividiam em partidos e posições conflitantes.

Semelhantes aos políticos manhosos e ativos de nossos séculos, Absalão aproveitou-se de tudo, maquiando a própria ascensão. Começou assassinando Amon, por vingança, e não menos para remover do caminho o primeiro empecilho. Depois "mandou aprontar para si carruagens e cavaleiros e cinquenta homens que andassem diante dele 'como se fosse príncipe herdeiro'".

"Levantando-se de manhã, punha-se à porta (de Jerusalém) e, a todo que tinha algum negócio e vinha pedir justiça ao rei, Absalão chamava-o a si e dizia-lhe: de que cidade és tu? Ele respondia: eu, teu servo, sou de tal ou tal tribo de Israel. E Absalão dizia-lhe: 'As tuas pretensões parecem-me justas e razoáveis, mas não há pessoa constituída pelo rei para te ouvir'. Acrescentava: 'Ó quem me dera ser juiz desta terra, para que viessem a mim todos os que têm seus negócios e eu decidisse segundo a justiça!' Além disso, quando se aproximava dele um homem para o saudar, estendia sua mão e abraçava-o, beijava-o. E fazia isso com todos... e atraía a si o coração dos homens de Israel".

Quatro anos empregou ele nessa trama, adulando o povo e preparando os ânimos para a revolta que finalmente estourou avassaladora em Hebron. Um mensageiro, pois, chegou a Davi, dizendo: "Todo Israel segue a Absalão de todo o coração". O monarca fugiu apressadamente com sua família e as tropas fiéis, pouco numerosas, mas aguerridas e valentes. O filho ingrato, entrando em Jerusalém, cometeu atos de vergonhoso ultraje contra as mulheres da família real, que haviam ficado no palácio, e fez isso para desprestigiar no ânimo do povo a personalidade heroica do rei.

A história sempre se repete: lisonjas, falsas promessas, subornos, violências, baixezas, intrigas e crimes. Tudo ora velado, ora encenado por astuta propaganda. Tais foram e sempre serão os métodos dos ambiciosos, sem Deus e sem escrúpulos, que cobiçam o mando e a glória. Desses, porém, fala-nos o salmo 36: "Não tenhas inveja aos que cometem iniquidade. Bem cedo hão de secar como o feno e, como a erva, hão de murchar. Espera no Senhor, pratica o bem, para habitares na terra e gozares de segurança. Ainda um pouco, e o ímpio não mais existirá (no mundo); procura seu lugar, e não o encontrarás. Vi o ímpio arrogante expandir-se como um cedro frondoso. Passei e já não era; procurei-o e já não o encontrei..."

Assim aconteceu a Absalão. As tropas de Davi levaram de vencida as forças revolucionárias, na batalha ferida, às margens do Jordão. Morreram mais de vinte mil pela espada ou afogados no rio. O general Joab cravou três lanças no coração de Absalão que ficara pendente no emaranhado de um carvalho, por sob o qual se metera fugindo montado numa mula. O corpo do infeliz lançado, em um buraco, foi pelos soldados coberto de um montão de pedras. Diante desse monumento, parem e meditem não somente os ambiciosos, mas todos os que trilham as veredas do pecado em busca de ilusórias felicidades.

(Artigo publicado no Jornal Santuário, 1949)

São José

Como é admirável São José: esposo da Virgem Maria e Pai de Jesus! Pai do próprio Deus. Não o gerou da carne. Essa glória pertence à Virgem Maria, da qual foi esposo; a ele coube ser o provedor da família de Nazaré.

Pai verdadeiramente, pai de Nosso Senhor Jesus Cristo, que, segundo a natureza divina, não tem carne e não tem mãe, mas é o Esplendor infinito e eterno em que o Pai Celestial revela a si próprio. As disposições íntimas e imediatas que a divina Providência tomou para o Verbo Divino (o Eterno Filho) se tornar homem, nosso irmão, salvador e rei, e essas disposições íntimas e imediatas, de que Deus cercou a Encarnação, chamam-se na Teologia: "Ordem da União Hipostática".

Isto é, ordem íntima e imediata das coisas, para que a pessoa (*hipostásis* em grego) do Filho Eterno (que eternamente possui a natureza divina) unisse a si uma natureza humana (corpo e alma), ficando, assim, unidas em uma só Pessoa (Segunda Pessoa de Deus) duas naturezas: a divina e a humana.

Parece claro que a essa "Ordem da união hipostática" pertencem três disposições que a Providência estabeleceu:

Primeiro: a Mulher bendita, santa e imaculada, que se tornou digna Mãe do próprio Deus humanado.

Segundo: uma família cheia de graça e à altura de receber o próprio Deus, como seu complemento e membro vivo, isto é, como filho.

Terceiro: um homem tão excepcionalmente justo e santo que não destoou da dignidade de esposo legítimo da Mãe de Deus, de chefe da Sagrada Família e legítimo pai de nosso Senhor Jesus Cristo (embora não carnalmente). Nossa Senhora dá testemunho da grandeza de São José quando lemos no Evangelho: "Teu pai e eu, aflitos, te procurávamos".

O simples e feliz carpinteiro de Nazaré, vendo-se elevado a tanta união com a Virgem e com Deus, terá ouvido ecoar, nas profundezas de sua alma, aquele mesmo cântico de Nossa Senhora: "Exulta meu espírito em Deus, meu salvador, porque realizou em mim grandes coisas... E todos os povos me chamarão bem-aventurado".

Como patrono da santa Igreja, como protetor da vida íntima de união, está colocando um sinal de bênçãos para nossos tempos. Amemos e honremos São José, especialmente no mês de março, que lhe é consagrado.

(Artigo publicado no Jornal Santuário, 1949)

Ratos de sacristia

"Não, não! Não entro não." Assim respondia Zeca Franqueza ao amigo Antônio Pio que o convidava para ingressar na Irmandade do Santíssimo. "Sou católico praticante, confesso-me com regularidade, vou à missa dominical, comungo sempre e procuro servir a Deus, mas isso de Irmandade, de manifestações externas não é comigo. E você quer saber quem me dá razão: é Jesus e seu Evangelho."

E pegando a Bíblia, que estava na estante, leu um trecho do evangelho de Mateus: "cuidado para não praticardes vossas boas obras na frente dos outros, para serdes admirados por eles. Agindo assim, não recebereis a recompensa de vosso Pai, que está nos céus. Portanto, ao dares esmola, não toques a trombeta a tua frente, como fazem os hipócritas nas sinagogas e nas ruas, para serem elogiados pelos outros. Em verdade vos digo: eles já receberam o que deviam receber. Tu, ao contrário, ao dares esmola, não deixes tua mão esquerda saber o que a direita faz, para que tua esmola se faça em segredo, e teu Pai, que conhece todo segredo, dar-te-á a recompensa". "Quando rezais, não façais como os hipócritas que gostam de rezar em pé nas sinagogas e nos cantos das praças, para serem vistos pelos outros. Na verdade vos digo: eles já receberam o que deviam receber. Tu, ao contrário, quando fores rezar, entra em teu quarto, fecha a porta e reza a teu Pai em segredo, e teu Pai, que conhece todo segredo, te dar-te-á a recompensa. Em vossas orações, não useis muitas palavras, como fazem os pagãos, pensando que Deus os atende devido às orações longas. Não os imiteis, porque vosso Pai sabe o que precisais, antes mesmo que lho peçais" (Mt 6,1-8).

Mas Antônio Pio também era versado na Bíblia e não se deu por vencido. Tomou o mesmo evangelho de Mateus e leu um trecho: "Vós sois o sal da terra. Mas se o sal perder o sabor, com que se salgará? Não serve mais para nada, senão para ser jogado fora e ser pisado pelas pessoas. Vós sois a luz do mundo. Uma cidade construída no alto do monte não pode ficar escondida. E também não se acende uma luz para pô-la debaixo de um móvel. Pelo contrário, é posta no candeeiro, de modo que brilhe para todos os que estão na casa. Assim deve brilhar vossa luz diante dos outros, para que vejam vossas boas obras e glorifiquem vosso Pai, que está nos céus" (Mt 5,13-16).

"Você vê, meu caro Zeca, que Jesus pede nossa pública profissão de fé e o público exemplo de nossas boas obras. O que ele condena, na passagem que você citou, é a má intenção e a hipocrisia dos que fazem o bem por motivos inconfessáveis. Há vários outros tópicos das Escrituras que recomendam a união externa de muitos para a prática do bem e para a manifestação sincera e pública da fé e do amor de Deus. A Igreja, em sua sabedoria e tradição, estabelece irmandades e associações públicas de fiéis, delas o próprio Direito Canônico fala."

Não era em vão que o Zeca tinha o sobrenome de Franqueza. Ali estava um homem sincero e reto, embora mal orientado como tantos. Estabeleceu-se um silêncio meditativo, quebrado afinal pelo Franqueza, que pensava em voz alta: "Você tem razão, meu amigo. O louvor de Deus tem de ser tanto em público como em particular, mas nunca será demasiado. 'Ratos de sacristia' e 'beatões' são os que só desejam aparecer, mas pouco se lhes dá de intimidade de ser o que aparentam; os mal-intencionados e hipócritas".

Um aperto de mão selou a entrada de mais um ótimo elemento para a Irmandade do Santíssimo.

(Artigo publicado no Jornal Santuário, 1950)

Acreditar em Jesus Cristo

Caríssimos, nós nos aproximamos agora daquela que Jesus nos deu por mãe quando Ele morria na cruz. "Senhora, eis aí teu filho. Filho, eis aí tua mãe." Jesus nos deu Nossa Senhora para ser nossa mãe e quer que nós todos sejamos filhos dela. Assim Maria convoca, atrai todos os seus filhos para o Calvário ou para Jesus, porque só Jesus Cristo salva. Só Jesus é aquele que veio do Infinito.

Há 1985 anos aproximadamente, nasceu, da Virgem Maria, Jesus! Creio no Senhor Jesus, Filho Eterno e Unigênito do Pai. Gerado do Pai como ideia infinita, antes de toda a criatura, antes que houvesse as criaturas celestes e terrestres. Jesus é o Filho, o Verbo, o Eterno. Ele veio e se fez homem, nasceu da Virgem Maria. Jesus é o Filho Eterno de Deus, porque Deus criou o universo para o homem, criou o homem para si e amou tanto este mundo que nos deu seu Filho. O Verbo Divino, Filho Eterno do Pai, veio por causa de nós, homens, para nos divinizar. Fazendo-se homem, Homem-Deus, divinizou a humanidade. Todo homem que se une a Ele e crê nele é divinizado, isto é, participa eternamente da intimidade maravilhosa do ser divino. O Pai nos amou tanto que nos deu seu Filho. O Filho nos amou e reparte conosco sua filiação. Quem crê nele torna-se filho com Ele, como Ele vive do Pai. Ele faz viver de sua própria vida aqueles que nele creem, dando-lhes o Espírito Santo, a terceira pessoa da Santíssima Trindade.

Há um mistério horrível do pecado. As criaturas humanas, livres, abusaram da liberdade para pecar. O primeiro homem, em nome de todos, e depois todos nós pecamos. E o Pai de infinita bondade, que amou tanto o mundo, que nos deu seu Filho, viu-se desprezado e rejeitado, pois o homem disse "não" para a paternidade, para a filiação, para a união com Deus. Entretanto Deus é tão bom que não desistiu de vir ao mundo e veio, não mais como Rei de Glória, mas como Mártir, como Redentor, para morrer na cruz. O Pai amou tanto o mundo que nos deu seu Filho, o Filho nos amou e morreu por nós.

Quem crê em Jesus crê que Ele é verdadeiramente o Filho de Deus. Ele, que nasceu da Virgem Maria, eternamente nasceu do Pai; nasceu, porém, como homem, da Virgem Maria. Quem crê que o Filho de Nossa Senhora, o Senhor Jesus, é Deus está salvo! Essa fé é Ele mesmo quem dá, pois seu Divino Espírito vem a nós para nos possibilitar o conhecimento e a aceitação. Pelo Espírito Santo, dizemos: Creio, Senhor Jesus! Só Jesus salva! Quem crê será salvo, quem não crê será condenado!

De sorte que o destino de todos os homens não é viver aqui na terra. Pouco importa se neste mundo sejamos sobrecarregados de dores; pouco importa que neste mundo tenhamos uma vida de muitas alegrias. O que importa é que, sinceramente, aceitemos o Senhor Jesus como Filho de Deus e que, unidos a Cristo, pelo Batismo, pela Santa Igreja, pratiquemos a caridade, amando a Deus sobre todas as coisas e amando aos irmãos no amor de Deus.

(Texto para programa da Rádio Aparecida, 1985)

Redenção que vem de Jesus

Estamos celebrando neste ano o jubileu da Redenção. Faz 1950 anos que o Filho Eterno de Deus morreu na cruz e ressuscitou dos mortos. É a redenção. Por isso meditamos sobre este grande mistério: Jesus Redentor, Jesus nos redimiu, Redenção.

A redenção é um resgate, uma compra, uma requisição. Deus adquiriu o mundo para si. Criando, o Pai Eterno com infinita caridade chamou à existência todas as criaturas que existem: as espirituais, anjos, e as outras criaturas, os homens, os animais, as plantas, os minerais. Todo esse universo maravilhoso pertence a Deus, que é o dono de tudo. E Deus criou tudo por amor, porque Deus é amor.

Seu Filho havia de entrar no mundo para ser o centro do amor de todas as criaturas. Mesmo que não houvesse pecado, o Filho de Deus se faria homem para ser centro de amor de todas as criaturas. Essa é a predestinação eterna: estava predestinado que o Filho de Deus se tornasse homem, que uma mulher fosse sua mãe.

A ideia de Redenção está ligada à ideia de pecado, porque os homens pecaram. Se os homens não tivessem pecado, se as criaturas não tivessem pecado, Deus não criaria a morte, Deus não criaria nenhum destes sofrimentos: as enchentes, por exemplo, a lepra, a tuberculose; não haveria cemitérios, não haveria lágrimas no mundo. Haveria somente a beleza e o amor. Assim Deus queria e quis, não podendo ser de outro modo, que as criaturas merecessem, porque o amor tem de ser amado e tem de ser livre. Sim ou não: o anjo teria de dizer! Sim ou não: o homem tem de dizer! Aí estava o perigo e foi esta a tragédia: os homens que deveriam dizer sim, aceitando Deus como Senhor, como Pai, como amigo, crendo, amando, não disseram.

O pecado entrou no mundo. A Bíblia conta isso usando a figura daquela árvore da ciência do bem e do mal. O homem era livre, tinha de amar a Deus livremente em um jardim de delícias, sem dor, sem sofrimento, sem morte. O homem tinha de ser provado, dizer sim ou não, e o homem disse não! O homem quis o mundo sem Deus. Eu e o mundo sim! Deus não! "Sereis como deuses", disse o tentador! O homem disse não para Deus, e o pecado entrou no mundo. A Bíblia, então, afirma-nos que por causa do pecado entrou a morte. Sim, entraram as dores, e temos este mundo que vocês estão vendo. O mundo foi criado por Deus, na previsão do pecado, porque para Deus não há passado nem futuro. Ele sabia que o homem ia dizer. Deus não queria esse "não", mas o homem ia dizer "não", e era preciso, uma vez que Deus, apesar do pecado, quis salvar o homem; era preciso fazer um mundo de dor e de morte. A morte é sinal da falta de Deus. Deus é vida, a falta de Deus é a morte. O homem disse não para Deus, por isso a morte entrou no mundo. Por causa do pecado é que existe a dor no mundo, porque Deus Bom não faria nada disso. A criatura é culpada e foi para o bem dela que Deus criou um mundo de dor. Assim o homem se lembra de que é pó. As dores e a morte têm de se transformar em escola de salvação, em escola de conversão.

Deus criou o mundo para o Filho entrar nele e ser o Rei do mundo, sem dor e sem morte. Mas o homem livre devia não pecar, e o homem pecou. Por isso, a dor e a morte entraram no mundo. Deus não suspendeu o plano de fazer seu Filho entrar no mundo. Sim, Ele entrou no mundo dos pecadores. Fez-se homem, tomou a carne dos pecadores, assumiu nossa sorte, nossos pecados, entrou no mundo para ser o Cordeiro de Deus, que tira o pecado do mundo: foi o que aconteceu.

Assim a ideia da Redenção está ligada ao amor. Veja como São João fala da Redenção: o mistério redentor é essencialmente mistério de amor. Foi por amor que Deus criou. Redenção é uma questão de Vida Divina: Deus é amor. Redenção é o amor imenso que o Pai tem ao mundo, a ponto de nos dar seu Filho. O Filho de Deus se fez nosso Irmão. Ele tomou nossa carne de pecado, assumiu para si nossa sorte, para viver nossa vida, a fim de que todos aqueles que o aceitassem, que se unissem a Cristo, pela fé, também transformassem dor e morte em amor. Assim, destrua-se o não, para todo mundo aprender a dizer sim, vivendo com Jesus, morrendo com Ele, sofrendo unido a Cristo, no amor.

Toda a vida de Cristo foi amor pelos seus: a paixão, isto é, a cruz, os últimos e grandiosos momentos daquela vida foram, como diz a Escritura, a consumação. Os Evangelhos capricham em descrever os terríveis sofrimentos pelos quais nosso Senhor passou. Suspenso no patíbulo da cruz, morreu de morte infame, porque a Bíblia dizia que quem morre na cruz é maldito. Tudo isso Ele assumiu nesse grandioso momento, no alto do Calvário! Amando o Pai e sendo amado, desde o ventre de sua mãe até o momento de morrer na cruz, transformou todos esses momentos em amor. Por tudo isso Ele é o Redentor. Agora a morte está vencida, agora o pecado está vencido, agora a dor está liquidada, porque o Filho Eterno de Deus assumiu a morte, para morrer em todos os momentos de sua vida e ressuscitar em todos os momentos de sua vida. O momento passou, morreu, mas o Cristo ficou. Todo homem que nele crê, com Ele também atravessará a vida transformando os momentos de morte em amor, as dores em amor, todos os sinais de pecados em sinais de Cristo. Tudo é transformado pelo sinal da cruz. Redenção é, pois, aquisição. Jesus pelo amor nos conquistou, destruindo o pecado, adorando a morte, sofrendo com amor, transformando dor e morte em amor. Quem crê em Cristo morre com Cristo, ressuscita com Cristo e vive eternamente.

(Artigo publicado no Jornal Santuário, 1950)

É preciso valorizar o tempo. Há muitas formas para isso

Hoje é uma data interessante: uma senhora completa cem anos. É a D. Laurentina, que é sócia do Clube e reside em Ipuã, no Estado de São Paulo.

O Clube valoriza os momentos que passam. Ter muito tempo é graça. Você pega 10 zeros, 50 zeros e coloca o número 1 no começo e o número fica enorme. Colocando três zeros, o número fica sendo mil. Assim é a vida. A consagração a Jesus e a Nossa Senhora valoriza o tempo. O tempo vai passando, vai passando. Eu já vivi 80 anos. Hoje completa 100 anos D. Laurentina e quantos zeros, zeros. A boa ação que a gente pratica são os números que fazem os zeros ficarem valendo muito, muito. Santa Teresinha, em 24 anos, viveu mais de 88. Oxalá eu, em 88 anos, tivesse vivido as boas obras e a consagração que Santa Teresinha viveu em 24 anos! A Bíblia diz, e a Igreja nos explicando a Bíblia diz: "Enquanto temos tempo, façamos o bem", porque só no tempo podemos merecer; depois da morte acabou-se o tempo. Então, a Bíblia diz: não haverá mais tempo!

O Clube dos Sócios é uma associação para valorizar a vida, para que nossa vida seja feita com amor. Somente o amor valoriza os zeros, zeros, zeros. Oitenta anos de zero e o que valoriza tudo é o amor. Quem ama a Deus sobre todas as coisas está na graça de Deus e não perde tempo. Oitenta anos de zero fica valendo número enorme por causa do Batismo, da Eucaristia, dos Sacramentos, do amor a Jesus e a Nossa Senhora, por causa do amor aos irmãos e à prática do bem.

A pessoa que vive em pecado mortal é zero, zero, zero, sem número e, se morrer assim, será maldita para sempre. O amor de Deus é que valoriza tudo. Tudo passa na vida, tudo passa, acaba mesmo, e, quando chega a última hora, sobra só o amor. Por isso é que é importante ser sócio do Clube. Eles se unem para renovar no coração o amor a Nossa Senhora; e renovar o amor a Nossa Senhora é renovar o amor a Jesus Cristo e assim valorizar a vida. Todos os dias, às 15 horas, nós nos reunimos para a consagração. Valorizar o tempo é ninguém viver em pecado mortal, ninguém escrevendo só zero, zero, zero, sem número, mas todos os sócios procurando rezar todos os dias ao se reunirem. Procurem rezar no domingo, quando a comunidade se reúne. O sócio procura confessar de vez em quando seus pecados. O verdadeiro sócio não vive sem comunhão, porque a associação é ser Católicos Santos, isto é, ser batizados e confessar os pecados e receber a Santa Comunhão. Nós somos do céu. Quando às 15 horas todo mundo se reúne, é para celebrar: eu sou do céu, eu não sou deste mundo! Tudo passa e daqui a 100 anos tudo será zero, se você não tiver Deus. Quem pertence ao Clube é porque quer Deus.

Para ser sócio a primeira condição é: entrar para a graça de Deus, confessar seus pecados, receber a comunhão, oferecer o domingo, se for possível com a Santa Missa. Não tendo missa, ir à reunião da comunidade, valorizar o tempo. Enquanto temos tempo, façamos o bem.

(Texto para programa da Rádio Aparecida, 1987)

O tempo passa para todos.
Quem é de Deus santifica-se no tempo

Quem faz tudo por amor fica, porque as coisas passam, mas Jesus, que está na vida de quem ama, não passa. Ele é Deus, Ele é Ressurreição, Ele é vida. Quem ama Jesus ressuscita, isto é, atravessa tudo que é morte. Se quiserem fazer o bem hoje, por amor, então rezem muito a Deus.

Deus remediou o grande mal. Seu Próprio Filho, que é igual ao Pai, veio para ser Filho de Nossa Senhora e nosso Irmão, assumir nossos pecados, nossa dor, nossa morte e dar-nos a Ressurreição e a Vida. O Filho nos amou e se entregou à dor e à morte por nós.

O mundo foi criado e o tempo começou, e a medida do tempo iniciado continuou. Os segundos, os minutos, os dias, os séculos, milhões e milhões de anos pedem a passagem daquilo que passa e não volta mais: o Tempo.

A criatura recebe de Deus o tempo, e o homem é colocado no mundo na medida do bater das horas, do bater do coração. O tempo é dado por algum tempo. É o tempo de aceitar Deus, de crer, de amar, de realizar a imagem de Deus, porque tudo foi criado para o homem. O próprio Deus se fez homem, o filho de Nossa Senhora, Jesus de Nazaré, que o tempo marcado diz que nasceu há 1987 anos. O Eterno se fez homem para divinizar e eternizar o mundo, para o homem se tornar Deus, de certo modo. Deus se fez homem para que todos os homens se unam a Cristo e, unidos a Cristo, saiam do tempo e penetrem na eternidade, na transcendência, para existirem eternamente. E o anjo de Deus então dirá: "Não há mais tempo". Como um riacho que deságua no oceano, o tempo terminou, o grandioso tempo!

(Texto para programa da Rádio Aparecida, 1987)

4
Questões de fé

Padre Vítor, tanto escrevendo no Jornal Santuário quanto falando pelos microfones da Rádio Aparecida, por vezes se dedicava a responder às questões sobre fé, doutrina, Bíblia, Sacramentos entre outras dúvidas que os leitores do Jornal Santuário ou os ouvintes da Rádio tinham. O Missionário procurava responder a essas questões de maneira simples, como um bom catequista que sempre foi, a fim de realmente esclarecer a questão. Nesta quarta parte, apresentamos algumas falas do padre Vítor sobre alguns temas relacionados com a Doutrina, fé, as Sagradas Escrituras, a vivência da religião, entre outros temas.

Sinais, símbolos e imagens

Sinal (emblema) é uma coisa que indica a existência de outra. Assim, fumaça é sinal de fogo. Aliança no dedo anular: emblema de fidelidade. Bandeira: sinal da Pátria.

As imagens são sinais da pessoa representada. No Antigo Testamento, encontramos sinais constituídos pelo próprio Deus para o culto divino. A Arca da Aliança, por exemplo, feita de madeiras preciosas e ouro puro, indicava o alto apreço em que o povo de Israel devia guardar a Lei de Deus, a memória dos benefícios divinos, o sacerdócio de Arão e a aliança com o Altíssimo. Era também sinal da presença de Deus no meio de seu povo. As imagens dos querubins da arca, as pinturas dos querubins que ornavam o Templo de Salomão, a serpente de bronze que Moisés levantou no deserto, as colunas de pedra que o sacerdote guardava e todo o culto do Antigo Testamento eram símbolos e emblemas de coisas divinas. Tudo isso está na Bíblia. Assim vemos que mesmo no Antigo Testamento o culto de Deus tinha imagens e emblemas. Mas era proibido aos particulares fazer imagens.

No Novo Testamento, já não existe mais essa proibição, assim como não é mais vedado comer carne de porco, deixar os filhos sem circuncisão etc. E muitíssimas outras prescrições do Antigo Testamento já não valem mais no Novo Testamento. Continuam em vigor só as leis que não eram apenas da Bíblia, mas também da Lei Natural como, por exemplo: adorar a um só Deus, ao verdadeiro, e não adorar deuses falsos (com imagens ou sem imagens); não tomar o nome de Deus em vão; não matar etc. Tudo como a Igreja sustenta e ensina. Jesus instituiu sete sinais, os sete sacramentos, que não somente simbolizam a graça, mas também produzem o que significam. Um anel não produz fidelidade, mas a ação do batismo produz a purificação e o renascimento. Toda a liturgia Católica é rica de sinais e símbolos. A Igreja, guiada por Deus, bem compreende o homem. Se fôssemos puros espíritos não precisaríamos de sinais e imagens. Mas somos humanos. E nada entra em nosso espírito e coração sem passar pelos nossos ouvidos, outros sentidos em forma de imagens e emblemas. Adoramos a Deus em espírito e verdade. Todavia usamos coisas visíveis como os sacramentos, as imagens, as medalhas, os escapulários e os símbolos litúrgicos. Esses sinais visíveis nos elevam ao invisível e espiritual.

(Artigo publicado no Jornal Santuário, 1950)

As bênçãos

A palavra bênção tem muitos sentidos: bendizer, louvar, abençoar, desejar felicidades aos outros e agradecer favores. Tudo isso corresponde de algum modo ao conceito de bênção. Assim um Pai pode abençoar os filhos e desejar-lhes bens celestes e terrestres. Bênção, porém, no sentido estrito, é um ato religioso que não se pode realizar sem a autorização da Igreja, que deve ser praticado por um ministro autorizado da mesma Igreja, mediante cerimônias, rituais, com o fim de dedicar ao culto divino pessoas ou coisas, ou invocar sobre criaturas os divinos favores. O "Ritual Romano" está cheio das mais diversas bênçãos para pessoas ou coisas: enfermos, gestantes, crianças, família e também para objetos de culto, alimentos, frutos, campos, plantações, tempestades, pragas, animais, veículos, casas etc. As bênçãos são sacramentais e não sacramentos. Não agem independentemente dos méritos e disposições de sujeito que as recebe. Umas são "invocativas" pelas quais se implora o auxílio divino sobre pessoas e coisas. Outras são "constitutivas" e fazem que as pessoas e as coisas se tornem permanentemente dedicadas a Deus e já não possam mais voltar a ser profanadas. Existem ainda as que consagram, mas não definitivamente, como são as bênçãos do sal, das velas etc. Temos visto grandes maravilhas neste terreno das bênçãos.

(Artigo publicado no Jornal Santuário, sem data)

Os anjos

O mês de outubro não é dedicado somente ao Rosário, é também consagrado aos anjos. Pena que muito nos esquecemos desses seres abençoados que tanta glória dão a Deus e que a nós protegem.

O universo criado pelo Altíssimo apresenta uma admirável variedade na unidade do todo. Existe a matéria sem vida: os minerais, o fogo, o ar etc. Existe a matéria viva, no reino vegetal. Mais alto estão os animais, que vivem e sentem. O homem tem em si tudo o que possuem os minerais, as plantas e os animais. Mas ele é, acima de tudo, espiritual. Tem corpo e alma espiritual. Acima do homem estão os anjos: espíritos que não se destinam à união com um corpo. Puros espíritos...

Os demônios são anjos rebeldes que Deus amaldiçoou para sempre. Seduziram o homem. Tentam-nos ao mal e, por vezes, maltratam-nos. Os anjos bons "sempre estão vendo a face do Altíssimo" e recebem de Deus missões providenciais a nosso respeito. São Miguel é o protetor da Santa Igreja e de todas as almas que lutam pela salvação. São Gabriel é o mensageiro de Deus nos grandes acontecimentos da redenção. São Rafael quer dizer: Anjo da Medicina (Medicina de Deus). Cada pessoa tem um "anjo da Guarda", um amigo poderoso e fiel em todos os passos da vida. Felizes as pessoas que recorrem a esse protetor. Cada família, cidade e nação tem um anjo protetor. Por que se esquecem disso as almas crentes?

Honremos e invoquemos, todos os dias, os santos anjos!

(Artigo publicado no Jornal Santuário, 1950)

O inferno não cabe em minha cabeça

Qual, seu padre, esse negócio de inferno é prosa. O inferno não cabe em minha cabeça! Assim vociferou um jovem com o missionário que conversava com um grupo de enfermos. E o padre respondeu: é certo que o inferno não cabe em sua cabeça, mas sua cabeça cabe no inferno.

Se nossa inteligência pudesse abranger todos os abismos da divindade, ou o homem seria infinito como Deus ou Deus seria limitado como a criatura humana. A realidade é que os pensamentos do Altíssimo estão acima dos nossos como o céu da terra. Ó, homem, tu, que não entendes este mundo material, queres ser juiz das coisas do além?

Onde termina o espaço enorme, em que brilham as estrelas de noite? Tem ele fim ou não? Se tem limite, como é esse limite? Mas se não há barreiras, podes tu compreender um abismo sem fundo?

As obras da criação ostentam enigmas que superam nossa razão, mas o homem fecha os ouvidos com desdém, quando Deus lhe revela mistérios e verdades infimamente superiores à compreensão da criatura.

Sim, meu amigo: sempre que o Eterno fala de si e de sua soberania e de sua justiça e de sua misericórdia, derrama clarões da luz, onde ele habita e nossa inteligência não pode penetrar.

Melhor é acreditar em Jesus, Homem-Deus, que andar agachado com a lanterninha da simples razão. E Jesus nos afirma que, neste mundo, abre-se para nós a infinita misericórdia do Altíssimo. Não há pecado que não tenha perdão. A graça onipotente nos secunda.

Deus se fez homem e nos salva se o quisermos. Mas o mesmo Jesus nos adverte que impera no outro mundo a justiça misteriosa. Existe o inferno eterno, para os que tiverem anulado para si a redenção.

Jesus refere-se, mais de vinte vezes, a um fogo que não se apaga e um verme que não morre. Intimida-nos com as trevas exteriores, onde há choro e ranger de dentes. E diz que, no último dos dias, depois de colocar os maus a sua esquerda, dir-lhes-á: "Apartei-vos de mim malditos para o fogo eterno, preparado para o diabo e para seus anjos, desde o princípio do mundo"! "E eles irão para o suplício eterno."

A Igreja com o evangelho na mão ensina essa verdade tremenda. Quem crer será salvo. Quem não crer será condenado. Jesus é bom e poderoso. Quer salvar-nos até ao último suspiro. Ele nos dá Maria como esperança até dos desesperados.

Neste mundo: misericórdia infinita. Depois da morte: justiça infinita.

(Artigo publicado no Jornal Santuário, 1955)

Erros e heresias

A Igreja Católica condena a idolatria como sendo o maior dos pecados. Outras religiões, porém, acusam-lhe e a nós, seus filhos, idólatras. A verdade é que tais críticos da religião católica constituem dois grupos: um formado por bom número de ingênuos, que "vão na onda" da propaganda, sabem pouco, pensam pouco, soletram um pouco da Bíblia, mas falam de boca cheia. Outro grupo congrega um grupo de gente de má fé que, mesmo tendo o discernimento e a sabedoria, resiste à verdade conhecida como tal.

A palavra adoração tem um significado estrito e rigoroso, mas admite também o sentido lato e impreciso. Adorar, no sentido rigoroso e estrito, é reconhecer a Deus como Deus, como o Ser supremo, como o Criador e Senhor de todas as coisas. Quem adora a uma criatura com essa adoração no sentido estrito é idólatra; sirva-se ou não de imagens e ídolos para cometer tão grande crime.

Ninguém de nós adora Nossa Senhora e os santos nesse sentido estrito e rigoroso do termo. Mas esse vocábulo adorar, como o atestam os dicionários, admite também o sentido lato, isto é, não estrito, significando, então, venerar, querer muito bem, gostar muito de... amar etc. Por exemplo: "Eu adoro laranjas baianas" quer dizer: "Eu gosto de laranjas baianas"; "Eu adoro meus pais" é o mesmo que dizer: "Eu amo e estimo grandemente meus pais". E, falando assim, ninguém pretende elevar os pais e as laranjas baianas à dignidade suprema de deuses e prestar-lhes o culto reservado só a Deus.

Todos os livros de doutrina católica são uníssonos no ensino de que Nossa Senhora, os santos, os pais, os grandes homens etc. podem receber as homenagens e o culto que lhes competem, respectivamente, como a Mãe de Nosso Senhor Jesus Cristo, amigos de Deus, pais, heróis etc.; nunca, porém, transferindo para si as honras e cultos próprios só do ser Supremo. Adoramos a Deus. Veneramos as criaturas que merecem. Isso não é idolatria.

Afinal, quem não sofre do mal de "mãe fé" ou não carrega excessiva "superlotação de orelhas" estará "suado" de saber que os católicos não são idólatras. Mas os causadores continuarão teimosamente enquanto Deus lhes der fala. Os sapos dos brejos também coaxarão, até o fim dos séculos, no coro monótono de: "Foi, não foi... foi, não foi... foi, não foi... foi". Tolo de quem discutir com ele.

Quanto às Sagradas Escrituras, no tocante ao uso de imagens para o culto, os que as leram com inteligência chegarão ao seguinte resultado, que combina perfeitamente com o ensinamento católico:

1. Servir-se alguém de imagens para a idolatria no sentido estrito, isto é, empregar imagens a fim de se prestar a uma criatura o culto supremo, só devido a Deus, é coisa absolutamente condenada tanto no Antigo quanto no Novo Testamento (assim como a doutrina).

2. O próprio Deus ordenou, no Antigo Testamento, o uso de imagens e símbolos para o culto sagrado e para fins religiosos, mas só de veneração (como faz hoje a Igreja) e nunca de adoração no sentido estrito. Haja vista os querubins da arca; a própria arca da Aliança; a serpente de bronze; as coluninhas de pedra, que o sumo sacerdote guardava junto ao efod, simbolizando a sabedoria, a justiça e outras propriedades de Deus.

3. No Antigo Testamento, ao povo era vedado fazer qualquer espécie de imagem, mesmo que não fosse para a adoração no sentido estrito, mas só para a veneração. Entretanto essa proibição não vale mais no Novo Testamento. Caiu como todas as outras prescrições puramente legais.

4. No Novo Testamento, só encontramos a condenação da idolatria no sentido estrito (Rm 1,22 seguintes); mas nunca deparamos com o preceito de não se fazer qualquer espécie de imagens para a lícita veneração das criaturas como criaturas.

A Igreja em sua imensa sabedoria guarda as verdades da fé e as promessas divinas.

(Artigo publicado no Jornal Santuário, 1952)

Mistérios da morte

Novembro leva-nos aos cemitérios. Desafogamos ali saudades pungentes visitando as sepulturas, leitos silenciosos daqueles que nos precederam com o sinal da fé e dormem o sono da paz. Lá no céu ou no purgatório, assim julgamos, eles contemplam enternecidos o amor e as flores, com que os honramos o lugar sagrado que lhes encerram os restos mortais, e recebem agradecidos o incenso e orvalho de nossas preces.

No recolhimento da meditação, aquele lugar não nos arranca lágrimas de desespero, qual o pranto dos que não têm fé. Nosso espírito sente a presença de uma turba imensa, que ninguém pode enumerar. E parece-nos vê-los diante do trono de Deus e do Cordeiro Divino, vestidos de indumentária alvíssima, agitando a palma da vitória. São eles, os que deixaram o vale de lágrimas e as grandes tribulações e lavaram suas vestes no sangue do Cordeiro Divino e o seguem por toda a eternidade. Alegria sempiterna paira sobre as frontes, possuídos que estão da felicidade do próprio Deus. Almas que contemplam as profundezas maravilhosas da Divindade e assemelham-se ao rio límpido, que deságua no oceano infinito de Deus.

Mesmo assim, acabrunham-nos os horrores da morte. Bem preferiríamos ser revestidos da glória sem provar as cruciantes dores da agonia, a dissolução de nosso corpo e o esquecimento da sepultura. Mas aos que entristecem a certeza do que há de vir, também consolam a fé na vida eterna e o dogma da ressurreição no último dia. Só a culpa consegue cobrir a morte com nuvens cinzentas de eterno desespero. As cruzes, porém, a estenderem seus braços protetores sobre os sepulcros, falam de uma Misericórdia infinita. A vitória de Jesus sobre a morte é, propriamente, a vitória sobre o pecado. Ainda que remorsos de nossa consciência fossem numerosos como as areias do mar e passassem como as montanhas, mesmo assim não deveríamos desesperar. A morte de Cristo vale infinitamente mais que todos os crimes da humanidade inteira.

A sepultura marca a fronteira que separa dois reinos de mistérios insondáveis: Aquém, o reino da Misericórdia infinita; além, o reino da justiça, também infinita. Ainda é tempo...!
Felizes os que lavaram suas vestes no sangue do Cordeiro.

(Artigo publicado no Jornal Santuário, 1950)

A presença de Deus em nós

Hoje vamos falar da Eucaristia, da comunhão, da vida divina, que foi dada ao homem, no batismo. Vida Divina não é a vida natural que se alimenta com comida comum. É a vida sobrenatural que só se conhece pela fé; é realidade, como a eletricidade é realidade nos fios. Os fios, nos quais corre a eletricidade, são iguais aos outros, mas ponha a mão para você ver! Assim, Deus não aparece, mas eu sei que ele está em mim pela fé. A vida divina entrou na criança sem ninguém ver, está nela. Essa vida divina é comunhão e alimenta. Deus em nós e nós em Deus: um mistério! Nós não sabemos como é isso, como eu nem sei o que é eletricidade nestes fios. Eu também não sei o que é este grande Deus em mim e eu Nele, pela graça e pela fé. A vida divina é invisível, não se sabe onde está e como está.

A fé me garante que a comunhão, que a Vida divina não é uma vida natural que eu recebi de meus pais. A vida divina eu recebi do Espírito Santo, pelas águas do batismo. Essa é a vida divina que o pecador recupera quando sai do pecado mortal. É uma ação divina, maravilhosa, mas não se vê com os olhos.

A comunhão em hóstia é, pois, o pão que alimenta em mim a filiação divina. Unido a Cristo, eu me torno filho, e Ele diz: "Como eu vivo, da vida do meu Pai, assim aquele que me aceita e se une a mim vive da minha vida". Essa é a vida que a comunhão sustenta, vida sobrenatural. O pão vivo que desceu do céu alimenta a vida divina e aumenta a união fraterna, porque todos os homens são chamados a ser irmãos de Jesus. Todo mundo é chamado para nascer da vida divina, para entrar no céu. Ninguém pode pertencer ao Reino dos Céus sem possuir essa vida, sem possuir a fraternidade, porque somos irmãos de Jesus, que é o Filho. Por isso somos irmãos uns dos outros. A Eucaristia é o pão que alimenta a união dos homens entre si, como irmãos de Jesus.

A Bíblia diz: "Uma vez que há um único pão que é o Cristo, nós também, embora sejamos muitos, formamos um só corpo, quando participamos todos do mesmo pão". Somos esse pão. Cristo é a cabeça, nós, ossos, membros do corpo. Participamos de sua filiação; por isso, uns com os outros, somos irmãos. A fraternidade de Jesus é comunicada a todos que são chamados a essa unidade. Assim, nós, todos juntos, constituímos em Cristo um corpo único, sendo que cada um de nós somos membros uns dos outros. Agora a meta e a finalidade são uma só: viver da Vida Eterna do próprio Deus, unidos uns aos outros, em Cristo, e alcançar a mesma eterna felicidade de comunhão filial e comunhão fraterna. O mais ardente desejo de Jesus é fazer com que todos os homens unidos, como uma só família, sejam irmãos uns dos outros.

"Meu mandamento é este: que vos ameis uns aos outros como eu vos amei!" Ele nos amou por ser Filho do Pai, e nós todos devemos pertencer a esse Pai como filhos. Nós devemos assim amar aos outros. Da União com o Pai celeste e com o Irmão Primogênito, que é Jesus, nasce nossa união. Para fundamentar a felicidade fraterna entre os homens, Jesus institui o sacramento da Eucaristia. Recobramos a vida na confissão, alimentando a vida na Eucaristia, o pão que sustenta a criação divina e, por isso, alimenta em nós a fraternidade. A Eucaristia nasce do Amor Eterno e gera amor em nós. O Pai nos amou, pois deu seu Filho. O Filho nos ama, pois reparte sua filiação conosco para sermos irmãos, e Ele derrama em nós seu Espírito Santo, que une o Pai ao Filho, assim também une a nós. Pelo batismo, recebemos em nós o Amor Divino. A Eucaristia sustenta e Alimenta o Amor Divino.

(Texto para programa da Rádio Aparecida, sem data)

Sexta-feira Santa

Caríssimos, neste grandioso dia, coloquemo-nos na presença do Eterno para Adorar, para agradecer, para pedir, para desfazer as culpas. "Deus amou tanto o mundo, diz a escritura, que nos deu seu próprio Filho."

Desde a eternidade, o Filho é a Ideia Inefável do Pai, a Maravilha Infinita, o Céu do Pai, nosso Céu; o Filho nasce do Pai. É por isso que o princípio se chama Pai e a Ideia se chama Filho. E o Filho existiu eternamente. O Filho ama seu Pai, de quem é a ideia, é amado infinitamente pelo pai, que contempla no Filho sua Perfeição Infinita. Esse amor mútuo é o Divino Espírito Santo. Glória ao Pai, ao Filho e ao Espírito Santo. O Pai amou tanto o mundo que nos deu seu Filho. O tesouro infinito do Pai foi dado às criaturas humanas; Ele é o dom de Deus, é o presente divino.

O filho nos amou, o Filho se fez nosso Irmão, nasceu da Virgem Maria, assumiu nossos pecados, porque Ele veio ao mundo quando o mundo já era pecador, quando o mundo estava coberto de maldições, mortes e dor, frutos de ateísmo; porque os homens disseram "não" para Deus e pelo pecado entrou a morte no mundo. O Filho de Deus veio para assumir nosso corpo de pecados, para se sujeitar à dor, sofrer, pois a dor é sinal da falta de Deus. Deus é o Bem Infinito. A falta de Deus é um mal-estar, é a dor. O ateísmo é a fonte da dor e a fonte da morte, uma vez que Deus é a Vida.

O Filho assumiu nosso corpo de pecado, de dor e de morte, para salvar o mundo, porque ninguém poderia desfazer o mal, ninguém seria digno de aparecer perante o Pai, para, em um ato de agrado imenso, desfazer um imenso desagrado, que o pecado causou diante de Deus.

Então, Deus remediou o grande mal, por meio de seu próprio Filho, que é igual ao Pai. Ele veio para ser Filho de Nossa Senhora e nosso Irmão, assumir nossos pecados, nossa dor e nossa morte e dar-nos a Ressurreição e a Vida. O filho nos amou e se entregou à dor e à morte por nós.

Jesus viveu trinta e três anos de morte e vida. Nós também vivemos e morremos no mesmo instante, porque os instantes passados já estão mortos, não vivem mais, nunca mais voltarão. Jesus, entrando no mundo, disse a seu Pai, na epístola aos Hebreus: "Eis que agora vós me dais um corpo". Os agrados no mundo não poderiam desfazer os pecados. Os sacrifícios da humanidade não eram competentes para desagravar a Deus. O Filho de Deus se fez homem e veio para fazer a vontade do Pai. Os momentos de existência de Cristo foram de obediência, fazendo a cada instante a Vontade do Pai. Jesus morria, porque os instantes passavam, mas Ele ressuscitava, porque o amor imenso com que Ele obedeceu a seu Pai, todos os instantes de sua vida, atravessando a dor e a morte, transformaram-se em agrado infinito. Deus se agradou infinitamente de Seu Filho que atravessou os instantes da vida em atos maravilhosos de obediência amorosa a seu Pai. Tudo se consumou na Sexta-feira Santa, no alto do Calvário, quando Jesus deu o último suspiro: "Pai, nas tuas mãos entrego meu espírito".

Uma lágrima teria bastado para salvar o mundo inteiro, porque a pessoa do Filho de Nossa senhora, que era o Filho Eterno do Pai, a segunda pessoa da Santíssima Trindade, que se fez homem, tem valor infinito. Uma lágrima de Jesus bastaria para salvar o mundo; mas não, seu imenso amor quis aceitar sobre si toda a consequência triste do pecado: morte e dor, as dores todas da humanidade. Ele não quis derramar apenas uma lágrima: Ele quis sofrer essa paixão dolorosíssima até o último suspiro, como hoje estamos contemplando.

Ele deseja que nós recordemos, pois, que foi o amor que transformou todas as dores neste perfume agradável que se chama Redenção e que reconciliou o Pai com o mundo. Ele quer que em nosso coração haja amor ao Pai, amor a esse Cristo tão bom, esse Amigo que nos salvou, esse perfume do amor. Ele quer isso na recordação grata que nós fazemos da Paixão do Senhor.

A Bíblia diz que Cristo padeceu por nós, deixando um exemplo, para que sigamos suas pegadas. Ele não cometeu pecado. Em sua boca não se encontrou falsidade. Injuriado, não injuriava, maltratado, não ameaçava, mas se entregava àquele que julga com justiça. Ele levou nossos pecados à justiça Divina; Jesus carregou em seu corpo sacrossanto nossos pecados, pois Ele assumiu nosso corpo de pecados, para fazer-nos sacrossantos pela divindade. Mortos pelos pecados, pela fé, vivamos também nós para a justiça, por suas chagas.

(Texto para programa da Rádio Aparecida, sem data)

Jesus é a palavra

Caríssimos, estamos no mês da Bíblia. Fico muito aflito quando eu vejo que algumas pessoas estão entendendo errado a Bíblia. Jesus criou a Igreja para ensinar. Pedro, primeiro papa, e os doze apóstolos, primeiros padres e bispos, foram colocados para ensinar. Não é só livro que ensina. Jesus não escreveu nada, Jesus não escreveu nenhuma palavra da Bíblia. Então, como é que alguém diz que só acredita no que está no livro, se quem escreveu o livro foi a Igreja? A Igreja, inspirada pelo Espírito Santo, é que escreveu, mas escreveu muito depois. A religião já tinha começado. A religião cristã, católica, estava se espalhando pelo mundo inteiro, e o livro ainda não tinha começado.

Jesus é a palavra, mas Ele não escreveu nada. Ele falou, fez, procedeu, ensinou e criou a Igreja, deixou Pedro, os doze apóstolos e os seus discípulos. Entregou tudo que Ele ensinou a eles, não por escrito, porque Ele não escreveu nada. Ele ensinou, fazendo e falando. A transmissão falada é a tradição. Quando passamos para o outro falando, ensinando, dizendo, fazendo, temos a tradição. Foi isso que Jesus fez. Ensinou a religião cristã, que não era mais a religião dos judeus, porque a religião deles era preparação. Agora, a religião cristã, Jesus a entregou a sua Igreja. O primeiro papa era Pedro e os doze apóstolos, bispos. Eles é que escreveram. São vinte e sete livros do Novo Testamento. O primeiro livro só apareceu vinte anos depois de Jesus ter morrido na cruz.

O Evangelho de São João, por exemplo, foi escrito no ano cem e Jesus tinha morrido pelo ano trinta e três. Assim os livros se formaram e estavam muito espalhados: uma comunidade tinha um livro, outra comunidade tinha outro livro.

Ninguém tinha Bíblia. Não havia Bíblia. Havia tudo, mas faltava ainda o livro. Ali pelo ano cento e quarenta é que aparece a primeira Bíblia arrumada. Ajuntaram uma porção de livros para formar uma Bíblia. Por isso, não vale dizer que a única regra da fé é a Bíblia. Não é, porque a religião existiu antes dela, porque demorou muito para aparecer a Bíblia.

Dizer: "só a Bíblia, nada fora da Bíblia": isto é protestantismo! Nós, católicos, dizemos: Jesus é Deus. Ele nos ensinou tudo, e a religião tem dois depósitos: o primeiro depósito é a tradição, isto é, tudo que Jesus falou, tudo que ele fez. Os apóstolos viram, e testemunhas guardaram, sem livros. Este é primeiro depósito: a palavra de Deus não escrita, mas guardada pela Igreja, que Jesus colocou para guardar e garantir. O Espírito Santo entrou na Igreja e Jesus disse: "tudo que ligares na terra está ligado no céu. Eu estarei convosco". A Igreja é garantida pelo Espírito Santo. Nesse momento se formaram os livros. O primeiro livro quem escreveu foi São Paulo aos coríntios, foi até antes do Evangelho. Depois foram aparecendo os livros, mas só uma pessoa ou outra, algumas comunidades os tinham. Então, não exagerem, porque a regra da fé não é o livro, a regra da fé é o magistério, ou seja, o Espírito Santo com o Papa, com os bispos, com a Igreja. A Igreja recordou tudo, escreveu também e ensina tudo.

Quando eu quero saber se uma coisa é de fé, eu não vou procurar no livro. Eu vou ver o que a Igreja ensina, porque quem ouve a explicação da Igreja é católico. Quem anda procurando explicação só nos livros, por sua própria cabeça, é protestante. A Igreja tem a Bíblia e explica. Quando eu quero saber se nosso Senhor está na Hóstia, não vou procurar na Bíblia. Eu vou procurar o que a Igreja ensina, e a Igreja ensina que Ele está. Eu sei que a missa é sacrifício porque a Igreja ensina. Foi ela que escreveu o livro, ela guarda e ela ensina, com ou sem livro! Tradição é sem livro! Bíblia é com o livro! Ser católico é aceitar tudo o que a Santa Igreja ensina.

A Bíblia é a palavra de Deus, escrita pela Igreja para ajudá-la a explicar a fé. A explicação que a Igreja dá, isso é a regra de fé.

(Texto para programa da Rádio Aparecida, sem data)

Vamos falar do purgatório

Há muita fantasia que entrou na piedade do povo. Inventaram tanta coisa do purgatório, contrariando a Igreja! O Vaticano II, o Concílio da Santa Igreja, mostra-se muito sóbrio, fala pouco do purgatório em seu documento. Quando o Concílio fala da comunhão dos santos, é para afirmar simplesmente que a Igreja neste mundo está caminhando para o céu.

Ela dedica muito amor à memória dos defuntos, desde os primeiros tempos dos Cristianismo, oferecendo por eles seus sufrágios, pois é um pensamento santo e piedoso rezar pelos mortos, a fim de que sejam livres, libertos de seus pecados, como diz a Bíblia no Segundo Livro dos Macabeus (2Mc12,4).

Isso a Igreja ensina, o resto inventaram por aí. Dizem muita coisa mesmo, falam de Lagos de fogo, mas a Igreja nunca ensinou isso. O povo inventou, a piedade popular, os Místicos sonharam certas coisas erradas. O Vaticano II, ensinando como ensinou agora, faz apenas eco à doutrina do Concílio de Trento, que orientou: "Há um grande purgatório, cujas almas ali retidas são ajudadas pela intercessão dos cristãos, principalmente pelo Sacrifício da Missa, Sacrifício do altar". Ensinou também o que muita gente não quer respeitar e esquece: ter muito cuidado e juízo na pregação desse mistério e não aceitar afirmações e pregações de coisas que não têm nenhuma garantia da Igreja. Isso é, que não respeitaram os sonhadores; os pregadores inventaram um purgatório fantástico, de fogo, coisa ridícula. O Concílio não ensina isso: nem o Vaticano II, nem o Concílio de Trento.

O que significa, afinal, a palavra purgatório? Até o século XII essa palavra "purgatório" era apenas um adjetivo. Falava-se de "penas purificadoras". Não é lugar, nem lago de fogo! Penas purgatórias são penas que purificam. Em todos os séculos foi assim. Foi um erro mais do que gramatical fazer de adjetivo um substantivo. Purgatório passou, na imaginação de muitos, a significar um lugar. Aí, então, a fantasia trabalhou e inventaram fogo e até demônio. Fantasias que Deus nem a Igreja ensinaram.

Em vez de designar as qualidades das penas que purificam, imaginaram um lugar, uma prisão, uma fogueira, dando a demora lá pelo tempo! Mas quem morre está fora do tempo, pois na outra vida não há tempo. Dizem que alguém fica lá vinte anos, falam em cem anos de purgatório: coisas inventadas que a Santa Igreja não ensinou como doutrina não!

Purgatório existe. A palavra purgatório é boa e significa um estado de purificação, em que as penas devidas por causa dos pecados são dadas à purificação. Quando chegarmos na hora da morte, pode ser que não estejamos bem purificados e que seja preciso nos purificar. Para entender o purgatório, é preciso entender o grande mistério de Redenção.

Cristo, pela sua morte, pela sua ressurreição, liberta-nos. Cristo tomou sobre si o pecado do mundo inteiro, introduzindo-nos na vida divina, pelo batismo, pelos sacramentos, e dando-nos direito ao céu. É vida divina que Ele nos dá pelo seu sacrifício consumado na cruz, na ressurreição e pela subida ao céu. Esse sacrifício Ele apresenta de novo todos os dias na Eucaristia. A Missa é a apresentação desse único sacrifício, não é outro sacrifício, Cristo nos liberta de todo o pecado e de toda a maldição. Nele todo pecado é perdoado, nele a vida divina é dada; esse é o primeiro ponto.

O segundo ponto é este: o cristão, porém, não recebe essa redenção, essa salvação, essa purificação, se não a aceitar voluntariamente pela fé e pelo amor. O amor é produto da fé. E, pelo amor, o cristão recebe a redenção em si, no sacramento. Então nos tornamos um com Cristo. São Paulo diz, nas epístolas aos Romanos (Capítulo 63,7): "Não sabeis que todos fomos batizados em Cristo Jesus?" O batismo nos introduz na morte de Cristo. É em sua morte que fomos batizados, é por sua morte que nós somos mergulhados para ressuscitar livres dos pecados; pelo batismo nós fomos sepultados com Ele, para que, como Cristo ressuscitou da morte para a glória do Pai, assim também nós falamos do batismo para viver a vida divina, santos, benditos, possuídos do Espírito Santo. Essa união com Cristo, porém, tem de ser feita voluntariamente.

Essa assimilação com Cristo faz-se pelo batismo, que nos mergulha na morte de Jesus. Mas depois, quando nos tornamos conscientes, os outros sacramentos, principalmente a Eucaristia, ajudam-nos a morrer para o mal e a amar de fato a Deus sobre todas coisas. Por Cristo, com Cristo, em Cristo assim se dá a inauguração na vida cristã, e finalmente, na morte santa, nós aceitamos definitivamente o Cristo e somos definitivamente unidos a Ele.

Agora vem o terceiro ponto: se na hora da morte, na hora da passagem, o cristão não estiver perfeitamente unido a Cristo pelo amor, se ele não aceitou totalmente Cristo e está cheio de egoísmo, de imperfeição, não poderá entrar logo no céu. Ele é cristão, ele está na graça de Deus, mas ele tem muita imperfeição, por isso, não poderá entrar no céu. Então, é preciso amadurecer no amor. Ele ama e quer ir para Deus, mas na hora da morte, iluminado pela graça, ele vê o empecilho que são as imperfeições. Ele é Cristão, está em Cristo, mas muito imperfeito. Isso lhe causa sofrimento imenso; mas, pela graça de Deus, o amor purifica, em Cristo, por Cristo e com Cristo. O cristão faz então o ato puro de fé e de amor e aí está livre para entrar no céu.

O purgatório é isso, não é um lago de fogo! É um ato moral de purificação do homem que, em sua liberdade, não aceitou perfeitamente Cristo. Aceitou, mas aceitou mal. Quase todos cristãos são assim: aceitam a Deus, mas ficam cheios de imperfeição, de misérias, de pequenas brigas, impurezas, coisas que não são graves, mas eles não podem entrar no céu, não podem entrar na comunhão infinita com Deus. Provavelmente, o purgatório é assim: a iluminação da alma na hora da morte para que o homem conheça em cheio a dor de suas culpas e faça um ato perfeito de amor. Purgatório é purificação. Isso se faz pelos merecimentos de Nosso Senhor Jesus Cristo, mas esse merecimento, a graça, é dado, e nós podemos ajudar a todos para receber a graça e morrer bem. Oferecendo a missa, oferecendo orações, oferecendo tudo que há de santo, em Cristo, por Cristo e com Cristo, em favor dessa pessoa, podemos ajudá-la a morrer bem. Na hora da morte pode ser nosso purgatório. Eu penso que é, porque Deus está fora do tempo, para Ele tanto faz agora como daqui a mil anos. Tudo para Ele é agora, porque Deus não tem passado nem futuro.

Pelos sufrágios a meu favor durante a vida e depois de minha morte, Deus me concede graças para eu fazer o ato supremo de amor, no momento supremo de morrer. Naquele momento grandioso, iluminado pela graça que os sufrágios mereceram por mim, mesmo que sejam sufrágios daqui a mil anos, tudo Deus me dá. Se naquele momento eu receber uma luz tão grande, se minha alma se encher de grande pesar, de dor, de tristeza, por ter ofendido a Deus, por não poder me unir a Deus, porque Deus é tão Santo, esse ato supremo de amor é o purgatório.

Assim, as orações feitas a meu favor, depois de minha morte, já me aproveitam no momento da morte, se naquele momento for meu purgatório. Por exemplo, Santa Teresinha que morreu um pouco antes de eu nascer: se hoje eu mando dizer uma missa em honra de Santa Teresinha, essa missa de hoje aproveitou a ela na hora em que ela estava morrendo. Para Deus não há passado nem futuro. Assim os sufrágios aproveitam aos falecidos, porque Deus lhes dá, na hora suprema da expiação, a graça do supremo amor, em atenção aos merecimentos infinitos de Jesus.

(Texto para programa da Rádio Aparecida, sem data)

Padre Vítor ensina a morrer com Deus

Hoje, vamos falar sobre o viático, a última comunhão, que se pode fazer em preparação para a morte. O sacramento para os moribundos, os que já estão na porta da eternidade, é a eucaristia ou a última comunhão, o viático. A vida nossa neste mundo é uma grande batalha, uma luta. Quando se batiza uma criancinha, ela é ungida com óleo, porque tem de ser atleta, lutando pela eterna salvação. Ninguém vai pela vida sem receber golpes. Nessa grande luta somos muitas vezes feridos pelos inimigos, que não querem nossa salvação. Não é somente demônio, não são somente ambientes pecaminosos do mundo, todos cheios de maus exemplos, mas dentro de nós estão aquelas inclinações que o pecado original trouxe: soberba, avarezas, adorações do dinheiro, luxúrias, desordem sexual, ira, inimizades, rancores, gulas e as invejas, a preguiça de orar e procurar a Deus. Todos temos tantas tentações através da vida! E quem é que não pecou?

Chega, porém, a hora suprema, a hora de atravessar aquela porta, aquela passagem da eternidade. Então, trava-se a última e decisiva batalha. A Bíblia ensina que o diabo, cheio de grande furor, sabe que lhe resta pouco tempo. Então, trava-se a agonia, que quer dizer batalha. Jesus quis passar por ela. No Jardim das Oliveiras, quando assumiu em sua alma as angústias da última agonia, foi então que ele rezou: "Minha alma está triste até a morte". Naquela Quinta-feira Santa, quando ele se sentiu diante da morte, da grandeza dessa última batalha, disse aos companheiros: "Permanecei aqui, vigiai, rezai". Indo um pouco adiante, caiu por terra e orava dizendo: "Pai, a quem tudo é possível, afasta de mim tão grande sofrimento, esse cálice terrível da morte, porém não aconteça o que eu quero, mas o que tu queres".

Assim, Jesus assumiu nossa agonia e, naquelas três horas pregado na cruz, orou pelo mundo, por nós, para nos ajudar na última agonia. É como se Ele me dissesse, na cruz: "Estou pensando em ti, em tua agonia, meu filho. Eu derramo meu sangue por ti, meu filho". Pelo viático é Ele, na última comunhão, que vem, em pessoa, a mim, para ficar em mim e eu nele, na grande luta com o tentador, na última batalha da existência.

E a Bíblia diz no Apocalipse: "Agora atuou a salvação, entraram em vigor o poder e a realeza de nosso Deus, a autoridade do Cristo" (Ap 12,10). Na hora da comunhão, Ele vem para tornar atual esse poder, essa sua autoridade, porque é expulso o acusador de nossos irmãos, o satanás, aquele que acusava os irmãos dia e noite, diante de nosso Deus. Cristo está em nós na última comunhão, na hora da morte, pelo viático, o sacramento que Deus instituiu para nos ajudar na hora suprema.

Nós vimos em São João, capítulo terceiro: "Ninguém subiu ao céu, a não ser aquele que desceu do céu, o Filho do Homem". É Jesus quem fala assim:

"Ninguém sobe ao céu senão Ele, o Filho Eterno, que se fez homem". Com Jesus subirão todos que se unirem a Ele. Aqui está a imensa importância da última comunhão: Cristo em nós e nós nele, porque Ele é o Caminho. Como é que Ele é o caminho? Jesus explicou isso em uma passagem: "Como Moisés levantou a serpente do deserto, assim eu tenho de ser levantado na cruz". Esse é o caminho em Cristo, e, com Cristo crucificado, nós, na última agonia, com Ele crucificados, temos o caminho do céu. Cristo em nós e nós nele, na última agonia. Todo aquele que nele crê tem a vida eterna.

Cheio de fé, você recebe a última comunhão: Cristo em você e você nele. A comunhão é o caminho para entrar no céu. A passagem de Jesus para o Pai se fez por meio de seu corpo crucificado. Jesus disse: "Eu sou o caminho, eu sou a verdade, eu sou a vida; ninguém vai ao Pai senão por mim". Eis por que devemos receber a santa comunhão, na última hora, momento supremo. Crer no Crucificado é juntar-se a Ele, para com Ele morrer, comendo seu Corpo, bebendo seu Sangue. Jesus é o caminho!

Viático quer dizer justamente "Via", caminho. É o sacramento, com que nós, unidos a Cristo, entramos no céu, pois só Ele, que veio do céu, entra no céu. O cristão que se une a Cristo na comunhão forma um só corpo com Cristo. Ora, Cristo atravessou a morte, ressuscitou, atravessou o infinito, colocou nos céus seu corpo, na transcendência divina. Cada comunhão, ao longo de nossa vida, coloca em nós cristãos a semente da imortalidade, porque Jesus disse: "quem come minha carne e bebe meu sangue tem a vida eterna". Eis por que, na hora de morrer, todas as comunhões bem-feitas produzem seu último fruto, o grande fruto da passagem para a vida eterna, a última grande comunhão.

(Texto para programa da Rádio Aparecida, sem data)

5
Política e justiça social

Padre Vítor sempre mostrou uma forte preocupação com as questões políticas e com as questões sociais. Em um tempo em que a Igreja no Brasil pouco se ocupava dessas questões, ele foi um dos pioneiros a trazer esses temas para a discussão também dentro do ambiente eclesial. Pe. Vítor tinha consciência da necessidade de se tocar nesses assuntos, a fim de conscientizar as pessoas com relação a seus direitos, à política e à justiça social. Selecionamos algumas de suas reflexões sobre esses temas.

Haverá paz e amor

O grilo não deixava o moço dormir. Um "cri-cri-cri", aquele som agudo martelava-lhe os tímpanos, inquietando os nervos, com a impertinência do imaginário "relógio do inferno" que range monótono.

O jovem perdeu a paciência. Era preciso descansar porque acordaria cedo com o apito da fábrica. "Cri-cri-cri" continuava o bichinho, entusiasmado com a "beleza da própria voz". O jovem saltou da cama e acendeu a luz. Calou-se o grilo, mas só por um minuto. Guiado pelo som, o rapaz localizou o importuno cantor. Removeu o criado mudo. Lá estava o músico de pernas longas, compridas antenas, olhos grandes e meigos, com medo. Duas mãos nervosas... hesitaram, mas era preciso dormir. A razão venceu o coração, e o animalzinho caiu ferido de morte.

No mundo é assim. Os interesses colidem. Agrada a um o que incomoda a outros. Os direitos de alguém quase sempre são diversos dos de outrem. Quando eu era menino de uns quatro anos, ganhei um prato velho de bombo e enchia a casa de barulho. Vovó, porém, sofria de dores de cabeça. Houve comédia e tragédia e sova e choro. Desde as grandes guerras, até os desentendimentos e briguinhas de família, tudo vai bater naquele mesmo problema: egoísmo e choque de interesses. Haverá remédio para tanto mal? Dizem que o amor vence o egoísmo, mas, sem Deus, o único amor possível é justamente o egoísmo. No mundo atual predominam o ódio, a desconfiança, o medo e a força bruta, porque a sociedade tornou-se ímpia, materialista e, por isso, egoísta. Se, depois desta vida, não houvesse mais nada e se não existisse Deus bom e justo: é claro que os homens teriam razão de se armarem de ódios e armas para a conquista de um espaço vital neste lacrimoso, suarento e sanguinário paraíso da terra.

"Amai-vos uns aos outros, como eu vos amei primeiro", diz um homem que não é simplesmente homem, mas alguém que possui o Amor infinito. Ele nos ama e, por isso, entregou-se à morte de cruz para nos salvar. Só ele tem autoridade para pregar o amor e a união. A pregação e o exemplo dele chegam aos extremos de imporem: "Amai os que vos perseguem e caluniam..." Mas a pregação e o exemplo de Nosso Senhor só aproveitam plenamente aos que se unem a Jesus pelo batismo, pela comunhão e pela vida íntima de caridade sobrenatural.

Há muita gente batizada que não vive unida ao Cristo, mas em pecado mortal. Assim há nações cristãs praticamente pagãs. Por isso o ódio e as discórdias predominam. Temos, contudo, a convicção de que os povos se converterão realmente ao Coração de Jesus. Haverá paz e amor. Esse milagre se realizará primeiro no íntimo dos indivíduos e, só depois, na sociedade.

(Artigo publicado no Jornal Santuário, 1950)

Os direitos humanos

Caríssimos, os ponteiros apontam para o infinito! Boas festas, felicidades, abraços, bênção a todos. Hoje, o Papa quer que pensemos seriamente na paz. Ele nos lembra de que os direitos do homem, solenemente proclamados pela humanidade, são a base da paz. Assim, se não observarmos os direitos do homem, não haverá paz no mundo. Estamos lendo os direitos do homem. Cheguei até o artigo dezoito e hoje eu quero continuar essa leitura. Se os direitos dos homens forem observados, respeitados, haverá paz.

Então vamos ler o artigo dezoito da Declaração dos Direitos do Homem: "Todo homem tem direito à liberdade de pensamento, liberdade de consciência, liberdade de religião". O artigo dezenove diz: "Todo homem tem direito à liberdade de opinião e de expressão", ou seja, tem direito de publicar suas expressões, de publicar suas opiniões e de não ser amordaçado pela censura. [...]

O artigo vinte da Declaração dos Direitos do Homem diz: "Todo homem tem direito à liberdade de reunião e associação pacífica". O sindicato, a associação, tudo que não é pernicioso ao bem comum é direito do homem. No tocante à associação, no tocante à reunião, ela não pode ser dispersa se for pacífica e não prejudicar o bem comum.

O artigo vinte e um diz: "Todo homem tem direito a tomar parte no governo de seu país, diretamente como candidato ou por intermédio de representantes livremente escolhidos". Você governa por meio dos deputados, dos senadores, por meio dos vereadores, por meio dos prefeitos, dos governadores, do Presidente da República. É você quem governa por intermédio deles e ninguém pode ser cassado injustamente. Uma cassação justa, por motivos gravíssimos justos, admite-se. O bem comum está sempre aí como ponteiro.

O artigo vinte e dois diz: "Todo homem, como membro da sociedade, tem direito à segurança social e à realização dos direitos econômicos". Todo cidadão tem direito à segurança. Todo cidadão que paga seu imposto tem direito a ter guarda de noite e guarda de dia e não ficar à mercê dos velhacos e dos ladrões. É direito também a realização das necessidades econômicas: comprar, produzir, colocar no mercado, consumir, tudo isso é direito dos homens, mas deve ser controlado pelo governo dentro das normas do bem comum. O governo tem de garantir a liberdade, por exemplo: se os intermediários exploram os produtores da lavoura, porque compram os produtos quase de graça e depois vendem pelo preço que bem entendem, está errado! O governo tem de intervir, completando, defendendo, suprindo, onde o bem comum reclama sua intervenção. O mesmo vale no contrato de trabalho entre patrão e operário: o operário não pode ficar à mercê do patrão, mas é preciso que ele tenha defesa. O bem comum deve ser sempre defendido.

O artigo vinte e quatro diz: "Todo homem tem direito ao repouso e lazer, inclusive à limitação razoável das horas de trabalho, às férias remuneradas". O pessoal da roça não tinha nada de férias, as oito horas de trabalho para o pessoal da roça não existiam e várias outras coisas. Agora, ouvi dizer que nosso governo vai cuidar muito mais do pessoal da roça. Haverá leis mais justas, regulamentando a vida dos empregados da roça.

O artigo vinte e cinco diz: "Todo homem tem direito a um padrão de vida, capaz de assegurar a si e a sua família saúde, bem-estar, alimentação, vestuário, habitação, cuidados médicos e os serviços sociais indispensáveis. Todos devem ter direito à segurança em caso de desemprego, de doença, invalidez, viuvez, velhice".

Os direitos do homem foram proclamados e aceitos pelas Nações. Falar de paz e não cuidar, especificamente, dessas coisas é a mesma coisa que construir navios para os mares da lua. É preciso cuidar desses bens todos. O bem comum exige os direitos dos homens, aceitos pelas Nações civilizadas. Um homem não pode ficar na miséria, quando ele trabalha oito horas por dia. Como poderia haver paz se nós desprezássemos o direito do trabalhador?

O artigo vinte e seis diz: "Todo homem tem direito à instrução, e a instrução será gratuita pelo menos nos anos elementares e fundamentais. A instrução elementar será obrigatória, a instrução técnico-profissional será acessível a todos, bem como a instrução superior".

Não haverá paz se não forem respeitados os direitos do homem. Há ainda outros artigos da Declaração dos Direitos do Homem, tudo para se chegar à paz.

(Texto para programa da Rádio Aparecida, sem data)

Bafejos esperançosos

Diversas árvores nativas, Paus d'Alho, Lichas, Cebolões, e outras tantas plantas características da famosa terra roxa davam testemunho do primor daquele solo. As vastas fazendas exigiriam dois dias para apreciarmos toda a complexa e perfeita organização. Mas o que mais me impressionou foi algo muito raro nas grandes empresas agrícolas: o respeito ao direito e ao interesse pela felicidade dos trabalhadores.

Construíram-se, toda a parte, casas muito boas, com varanda, sala, três dormitórios, luz e água. Nunca vi habitações assim tão boas para empregados e colonos. Entrando no assunto de salário, o administrador informou que pagam mil cruzeiros por quem zela de mil pés de café e dão licença para que nas horas vagas os empregados possam fazer plantações particulares. Além disso cada empregado ganha o ordenado de 20 cruzeiros diários. Ora por menor que seja uma família, ela pode tomar conta de 3000 pés de café; famílias maiores conseguem tomar conta de até 12 mil pés de café.

Leis trabalhistas, para operários das cidades, há muitas. Mas, para a imensa maioria dos trabalhadores, que são do campo e fazendas, pouco ou nada se fez neste Brasil. Lembro a história do rapaz que, trabalhando de sol a sol nas plantações de cenouras de alguns japoneses, só recebia sete cruzeiros diários. Ali percebi a cegueira e a injustiça de nossa época. Mas voltando agora às margens do Paranapanema, onde vi aquelas maravilhosas fazendas a que acima me refer, senti bafejos esperançosos e tonificantes.

Pensando nisso, veio-me à mente os tópicos da oração do Papa Pio XII: "Que tua graça inspire a todos os homens amor pelas grandes massas de povos sem fortuna, que a pobreza e a miséria reduzem à condição de vida indigna dos seres humanos. Desperta, nas almas daqueles que te chamam de Pai, fome e sede de justiça social e de caridade fraterna, na justiça e na verdade".

(Artigo publicado no Jornal Santuário, 1949)

Quem salvará?

Os ideais do mundo dividem-se em dois grandes campos opostos. Não me refiro ao bloco ocidental capitalista e ao bloco oriental socialista. Não. O que verdadeiramente bifurca a humanidade em dois núcleos contrários são duas palavras antônimas: crença e descrença.

Para uns, Jesus é a grande aurora da salvação. Outros zombam dessa fé e mentalidade. Estes argumentam: "Salvar é preservar da morte; é conservar a vida. A fé, porém, não nos livrará de morrer. O ímpio e o santo serão nivelados no pó da sepultura". Assim eles queimam o céu e não admitem a existência de Deus; acham que Jesus não é o salvador de nada. Para eles o principal está nesta vidinha, entre o berço e sepultura. Um reino de comida, bebida, cultura e gozo dos bens mundanos.

O grande pregador, que empolga as multidões da Europa e da América do Norte, Padre Lombardi, ao iniciar uma série de conferências em Viena, fez ver que, nos últimos quatrocentos anos, a humanidade caminhou, em linha reta, para longe de Deus. Primeiro foi só a negação da Igreja de Cristo. Depois vieram os deístas, riscando do mundo a Divina Providência, como se Deus não tivesse nada conosco, e nós nada tivéssemos com Ele. Em seguida, os idealistas pretenderam que Deus só existisse em nossa mente. Negaram, pois, a existência do Ser supremo. E os homenzinhos julgaram ter "queimado o céu" e dado cabo do Altíssimo, para se colocarem acima de tudo que é divino e gozarem folgadamente do mundo e da vida.

O fruto de tais ideias foi decepcionante. Essa é a imensa desgraça que paira sobre tudo e todos. Os filhos da era atômica não sabem como fugir da ruína. A guerra ameaça o extermínio com as garras do enorme exército russo e as temíveis bombas americanas. O medo e o desespero constituem o sentimento característico do existencialismo de nossos dias.

Padre Lombardi julga ter a humanidade amadurecido para a conversão porque o mundo teria atingido o fundo do abismo. E do fundo do abismo clamará ao Cristo, único que pode salvar. Sim, é muito admissível que a humilhação redunde em humildade, e que os povos, livres da soberba, voltem-se para Jesus Cristo e dele recebam a luz da verdade e a graça divina. Será o advento do reino da justiça, do amor e da paz. Não haverá mais dois campos opostos, mas um só rebanho e um só pastor. E a vida destruirá a morte na plenitude final.

(Artigo publicado no Jornal Santuário, 1950)

O cristão e a propriedade

Hoje, quero falar do assunto: "O cristão e a propriedade", isto é, o cristão e os bens deste mundo. A lei humana deveria ser de acordo com a doutrina social da Santa Igreja, estabelecendo e fazendo valer a verdadeira justiça no campo dos bens, isto é, da posse, da propriedade.

Quem se apropria injustamente dos bens prejudica o bem comum, prejudica todos, é ladrão. É preciso que nós nos apropriemos dos bens, porque nós necessitamos deles sim, e Deus criou tudo para todos. Falando da Nação Brasileira, que Deus criou para os brasileiros, aqui no Brasil a posse da terra brasileira tem de ser feita de um modo justo. Quem se apropria de um modo injusto é ladrão e será condenado por Nosso Senhor. Agora, temos de fazer a lei do Brasil para regulamentar a posse dos bens, a propriedade, o que é justo e o que não é justo. Porque há particulares que só se preocupam em ganhar mais, ganhar mais, e assim esbarram uns nos direitos dos outros. É preciso haver um governo acima dos particulares para regulamentar a posse dos bens, para que não haja conflito, para que um não pegue tudo para si e deixe os outros sem nada. As leis do país devem regulamentar a posse dos bens, de sorte que todos possam adquirir o necessário e útil para uma vida digna.

Leão XIII definiu isso dizendo: salário justo é aquele que dá para a pessoa viver bem e sustentar sua família. Salário justo é o que dá para seu sustento e para o sustento da família, e se o salário não der para isso, então, já é injusto. Caso a Nação tenha recurso, quem trabalha deve ganhar tanto que possa sustentar sua família. E se ele não ganhar o suficiente, alguém está se apropriando do que é dele. Alguém está roubando o trabalho dele. Indebitamente alguém está se apropriando dos bens que o trabalho dele produziu. Assim em tudo. Agora, o governo está acima do indivíduo, e o governo tem poder soberano também sobre os bens, quando se trata do bem comum. No socialismo, porém, o governo simplesmente se apossa de tudo. Em um sistema democrático, em um sistema equilibrado, os indivíduos possuem, e o governo fica acima para regulamentar a posse, para desapropriar até, se for preciso, para o bem comum.

O governo tem de cuidar do bem comum, e o bem comum está acima do bem particular, de sorte que os governos podem desapropriar os particulares, quando isso for preciso para que todos universalmente possam usufruir dos bens a que têm direito. Para o bem comum, o governo tem até a soberania de desapropriar; ele existe para pôr ordem, entre capital e capital, entre posse e posse, para que ninguém se aposse indebitamente de bens.

Se os ricos, usando o poder econômico, forem se enriquecendo cada vez mais, os pobres, por terem o poder econômico cada vez mais fraco, irão andar para trás. As riquezas necessariamente vão se acumular nas mãos de poucos, e a grande multidão ficará com fome. Foi isso que aconteceu no Brasil. O poder econômico concentrou-se cada vez mais nas mãos de poucos, e a multidão foi ficando, cada vez mais, na pobreza e na fome. Agora já se compreende o que eu quero dizer com essas poucas considerações suficientes para refletirmos. O que eu quero é que vocês, brasileiros, compreendam que é preciso fazer uma Constituição em que o direito da propriedade seja regulamentado de tal modo, pela lei natural e pelo bem comum, que o Brasil deixe de ser um país, onde a grande multidão passa fome e alguns poucos se apropriam de tudo para si. Que nossas leis coloquem ordem nisso. Propriedade é necessária, mas o bem comum exige que todos possam possuir o necessário e o útil. Então, devemos fazer leis que estejam de acordo com a justiça. O governo, vigiando a propriedade particular, para que a propriedade particular não se torne furto, não se torne crime, não se torne opressão. Temos de eleger deputados que não sejam fanáticos no capitalismo, no lucro, na injustiça e que também não sejam comunistas, querendo colocar toda a propriedade na mão do governo, roubando toda a liberdade da mão do povo. Nós precisamos de uma Nação em que haja propriedade, mas também haja governo que regulamente o direito de propriedade, dentro das normas do bem comum.

Termino dando um exemplo: o governo que desapropria o boi gordo em favor do bem comum, para que o povo não seja privado do alimento necessário, embora isso diminua os lucros do proprietário, está no caminho direito, no caminho de Deus; não é pecado. Pelo contrário, é dever uma tal desapropriação.

(Texto para programa da Rádio Aparecida, sem data)

Falsos mendigos

Há pobres que precisam, mas há também "pobres" que não necessitam e abusam da indigência. Abusam porque fazem dela uma indústria rendosa, pedindo imensamente mais do que lhes é necessário e útil: para se tornarem ricos. Uma boa quantia em dinheiro diário constitui o gordo ordenado de certos pobres, cegos, aleijados etc. Conhecemos alguns que possuem casas, sítios, mas continuam mendigando de casa em casa ou em pontos estratégicos, como os pontos de ônibus, portas de locais públicos etc. Lembro-me de um leproso que se enforcou em uma árvore em Aparecida. A casa do infeliz estava toda recheada de dinheiro que o mendigo acumulava.

Que atitude devemos tomar? De pé fica a palavra de Nosso Senhor: "Tudo o que fizerdes a um de meus irmãos é a mim que o tereis feito". Não somos legisladores, nem juízes, nem delegados. Demos nossa esmola, seja ela para quem for, vendo na pessoa do que pede o próprio Jesus. Erram os que negam toda esmola aos pobres só pelo medo de serem explorados. Quando soubermos que alguém é verdadeiramente um espertalhão, não lhe damos nada. "O pão dos filhos não se atira aos cães." Mas, no caso de dúvida, devemos ser benignos e supor que se trata de um verdadeiro pobre. Seria pecado despedirmos um irmão necessitado de mãos vazias e ofendê-lo. Antes ser explorado por meia dúzia de tratantes do que correr risco de magoar a um verdadeiro indigente de Nosso Senhor.

A mendicância não deveria existir em uma sociedade perfeita. Não temos tal sociedade. Vale a palavra de Jesus: "Sempre tereis pobres convosco..." Demos nossa esmola, de preferência, por intermédio das associações caritativas existentes na Igreja.

(Artigo publicado no Jornal Santuário, 1950)

A lei e a constituinte

Viva Cristo Rei e viva Nossa Senhora Aparecida Rainha!
Caríssimos, hoje sábado, dia 11 de outubro de 1986, estamos na novena de Nossa Senhora Aparecida. O tema é *promoção e defesa dos direitos dos mais abandonados: dos doentes, dos aflitos, dos sofredores.* Nossas leis deverão olhar muito

para as misérias humanas e remediá-las; o prêmio será a liberdade. A lei humana deve criar critérios seguros para defesa do cidadão necessitado, do desprotegido, dos que sofrem. Jesus quer que tudo seja justiça, que tudo seja sinceridade, mas ele também quer que seja misericórdia. Ele disse: "Amai-vos uns aos outros".

Nossa legislação deve estar aberta para esse socorro, para esses levantamentos da necessidade humana. No fim do mundo, não somente os indivíduos estarão diante do Senhor para ouvir a palavra, mas também as Nações, as constituições, que regeram as Nações. Naquele dia, o Brasil, e não somente os brasileiros, estará diante de Cristo para ouvir a palavra: "Vinde, benditos do meu Pai, porque eu tive fome e me destes de comer, eu tive sede e me destes de beber".

O Brasil vai ouvir isto de Cristo: "Eu estava sem roupa e me vestistes, eu estava doente, necessitado de hospital e de médico, e me ajudastes. Eu sofria na prisão, abandonado e triste, e não me abandonastes". É a misericórdia! Nossa legislação deve olhar para esse lado das necessidades do povo. O governo pode fazer muito, por exemplo, em relação à fome. Isso não quer dizer que o governo deva ter armazéns cheios de arroz, feijão e gêneros para repartir. Não, não é assim! O governo deve ajudar o povo a vencer a fome. O governo deve ter organizações, zelar pelas leis, dar proteção, assistência.

Outro dia tomei conhecimento como um grupo de lavradores fundou uma pequena sociedade de chácaras de verduras. Todos, trabalhando e cooperando, organizaram uma cooperativa, que deu certo. E eles produziram muito, repartindo entre si. O governo deve proteger essas coisas! As leis brasileiras devem olhar esse cooperativismo, para que os que têm fome, para que os que têm sede, para que os que estão sem roupa, para que os que não têm hospital, para que os que não têm recursos possam melhorar. Nossa lei deve olhar para o lado dos infelizes e, principalmente, dos miseráveis, dos pobrezinhos, coitados; dos que são obrigados a morar em casas miseráveis, em favelas; dos que passam fome, não têm água. Nós devemos eleger deputados e senadores (as eleições seriam dia 15 de novembro de 1986) que tenham muito amor aos sofredores. Tudo que nós fazemos para o irmão Jesus conta como feito para Ele.

O Japão destinou grande parte dos recursos do orçamento de cada ano, orçamento para o gasto do governo, para a instrução. Esta é uma das grandes obras de misericórdia: instruir! Porque a pessoa instruída vale muito mais. Estatísticas e experiências provam que, com um ano de estudo, já muda o valor de alguém, e com cinco anos, com sete anos, a pessoa fica valendo duzentas, trezentas vezes mais no campo da produção. Isso é para poder socorrer as próprias misérias e as misérias dos outros. Nós queremos deputados e senadores que olhem para a instrução, para as crianças, para esta multidão de crianças abandonadas, desvalidas. Há tantos brasileiros ignorantes porque não têm escolas. Os professores mal pagos. Que vergonha para o Brasil o que nós temos dado para nossos professores!

Agora, na Constituinte, queremos homens que verdadeiramente não pensem só nos ricos, nas empresas, nas fortunas, nas aventuras, nos sonhos de fada, não! Nós queremos homens que olhem para o povo, como ele é, que olhem o povo necessitado. Como nós pedimos a Nossa Senhora: "estes Vossos olhos misericordiosos a nós volvei". Oitenta por cento do povo brasileiro, é a estatística que temos, é necessitado: alguns são muito necessitados, alguns são até miseráveis. Oitenta por cento do nosso povo olha para a Constituinte e diz: "Esses vossos olhos misericordiosos a nós volvei". Brasileiros, escolham deputados e senadores que verdadeiramente tenham dó do povo e tenham vontade de socorrer nas necessidades materiais e nas necessidades espirituais, com instrução, principalmente, educação para essa multidão de crianças perdidas, que clamam por isso.

O assunto então de hoje é este: nossas leis devem criar critérios seguros, para defesa do cidadão necessitado, dos mais pobres e da multidão necessitada, dos desprotegidos da sorte. Então, o Brasil não será somente uma Nação sincera, justa, mas será também uma Nação misericordiosa. "Tudo que fizeste a um desses irmãos brasileiros, dirá o Cristo, no fim do mundo, foi a mim que o fizeste, ó Constituinte, que hás de fazer nossa lei." Viva Cristo Rei e viva a Senhora Aparecida Rainha.

(Texto para programa da Rádio Aparecida, 1986)

6

Formação humana

Ao mesmo tempo em que se preocupava em falar das questões da fé, da doutrina, da Bíblia, das questões políticas e das questões sociais, padre Vítor também falava das questões práticas da vida, dos relacionamentos, da educação das crianças, de vocação; falava para a juventude. Nesta sexta parte apresentamos alguns pensamentos do padre Vítor relacionados com a formação humana.

O que haverá mais forte que o amor?

Muitas vezes passara e, ao longe, eu via aquela cidade, como quem contempla um cemitério, e me confrangia a alma na meditação de tamanho sofrimento. Cidade-Sanatório, refúgio para os que se afastam da sociedade, feridos pela cruel bactéria da lepra. Recentemente, permaneci 15 dias no meio daqueles irmãos enfermos e lhes preguei as Santas Missões. Quando o carro entrou pelo portão, li em grandes letras de bronze as célebres palavras que Dante imaginara escritas nos umbrais do inferno; ali, porém invertidas: "Cobrai esperança, ó vós que neste recinto penetrais!"

Até bem poucos anos, essa inversão das palavras dantescas soava para muitos como falsa e amarga ironia. Hoje, porém, com o avanço da ciência, verdadeiros milagres têm sido alcançados com novos remédios e tratamentos. Para muitos doentes, o sonho de voltar curados para a família vem se tornando uma realidade.

Aliás, onde pousam os raios da fé e do amor, não pode haver inferno. A esperança da vida eterna transfigura as maiores desgraças. E o amor é mais forte que a morte. Nunca meus olhos viram imagens tão vivas de sofrer, mas, em compensação, jamais meu espírito vislumbrou tão de perto as belezas da alma, da graça e do amor.

Conta um padre um caso de uma mulher nobre, moça e rica. O esposo certo dia apresentou os sintomas terríveis da lepra e partiu para um sanatório. Naquele tempo, não se conhecia outro medicamento senão o quase inútil óleo de determinadas plantas. A doença progrediu fatalmente. As manchas transformaram-se logo em chagas purulentas. Caíram as pálpebras, as sobrancelhas e os cabelos da cabeça. As orelhas incharam, o nariz afundou nas sinuosidades do rosto, os membros contraíram-se retorcidos, os pés ficaram sem dedos, mas o pior de tudo foi a cegueira.

Pois, aquela senhora nobre, moça e rica, não tendo filhos, deixou os encantos do mundo e exilou-se junto com o marido para que a este não faltasse o consolo do amor.

Falava o padre que, certa vez, ao visitar o doente para ministrar os sacramentos àquela alma aflita, viu que grandes lágrimas brotavam dos olhos do doente e rolaram por sua face desfigurada. A esposa aproximou-se dele, abraçou-o e o acariciou com grande ternura, beijou muitas vezes aquele rosto desfigurado, enquanto dizia com doçura: "Não chore meu bem, eu estou pertinho de você, e Deus está conosco".

Sim, o amor é mais forte que a morte!

(Artigo publicado no Jornal Santuário, 1950)

Paternidade, filiação de amor

É maravilhoso nosso conceito de Deus, no Cristianismo, em que ser Pai e ser Filho, e ser união amorosa que procede do Pai e do Filho, constituem uma Trindade de Pessoas na própria essência divina.

Mas este artigo não pretende olhar para a luz infinita onde mora Deus e onde nosso espírito não pode penetrar. Não, este artigo contenta-se com admirar os rastros, as pegadas que Deus deixou impressas na poeira do nada. Mas os rastros são tão bonitos, que formosura não terá o ser que os imprimiu? Rastros de Deus é o espaço cravejado de estrelas. Rastros de Deus é a variedade na unidade dos seres existentes sejam eles do mundo mineral, vegetal ou animal. Tudo isso são figuras lindas mas imprecisas do Ser divino. E sobre essas imagens Deus faz cair reflexos não só do ser divino, mas também daquela paternidade e daquela filiação e daquela manifestação do amor que une e aperfeiçoa.

Querem ver alguns exemplos? Um ipê florido, uma orquídea em todo o esplendor... As plantas se vestem de beleza, porque Deus as reveste de algo que se assemelha à divina paternidade, para que produzam de si seres semelhantes a si próprias. Que beleza a paternidade, a filiação e o amor, quando as aves constroem os ninhos e, em transporte de alegrias e gorjeios, geram e se tornam a providência dos filhotinhos. Mas é ao homem que Deus faz participante, de um modo elevado e relativamente perfeito, dessa paternidade e providência.

A família é um reflexo natural da Santíssima Trindade. A paternidade e a maternidade possuem matizes do encanto com que o Pai eternamente diz ao Verbo divino: "Tu és meu filho eu hoje te gerei". Filhos são retratos e reflexos dos pais. O amor constitui o nexo e o complemento do lar. Bem se vê que o ser humano foi feito à imagem e semelhança de Deus.

(Artigo publicado no Jornal Santuário, 1949)

Papai e mamãe

As manilhas e os esgotos do sanatório entupiram-se. O empregado teve de escavar e suportar, por vários dias, aquele trabalho asqueroso. Dura sentença esta: comer o pão no suor do rosto! Mas as crianças comem pão sem suar e vestem-se como as flores do campo, que não tecem e não fiam. O robusto operário lá estava a executar a humilde tarefa naquele ambiente malcheiroso, quando a filhinha veio correndo. Menina de quatros anos, linda, inocente e falante. "Lourdinha não fique perto", disse ele, "isto faz mal a você". Ela, recuando uns cinco passos, perguntou: "Posso parar aqui?" – "Não, não, mais longe". Deteve-se a uns vinte metros e pôs-se a bater palma e cantar em voz alta. O homem levantou os olhos e sorriu. "Canta, princesinha, canta e enche de alegria o coração do Papai."

Só Deus propriamente é pai, mas Deus empresta sua paternidade às criaturas. Pai e mãe recebem dele o poder de dar a vida e ser providência dos filhos. A sabedoria celeste, que sustenta as aves do céu e os lírios dos campos, não vem pôr alimento na boca do filho ou levantar altas horas da madrugada para acudir o recém-nascido, que chora. Isso não, mas Deus deposita na alma de nossos pais uma fagulha do Amor infinito e, assim, vela solicitamente nossa infância e mocidade.

Na aula de catequese, o missionário perguntava às crianças: "Quem leva para casa o dinheiro e tudo que é bom?" – "É o papai!". "Quem faz a comida, a cama, a roupa e tudo que é gostoso para vocês?" "É a mamãe!" – "Quanto vocês pagam por mês ao papai e a mamãe?" – "Nada" – "Por que então papai e mamãe fizeram tudo de graça?" – "É porque eles gostam da gente". "Quem colocou esse amor no coração deles?" – "Foi Deus". Assim como o criador é feliz dando a vida e conduzindo as criaturas do vale do mundo até a pátria eterna, assim também os pais sentem jorrar, em sorrisos, a fonte íntima de felicidade, quando cumprem o sagrado dever para com os filhos. A paternidade e maternidade são, pois, algo divino, porque o Pai supremo se oculta nos pais, revestindo-os de sua própria dignidade, autoridade e amor. E o Filho eterno, ao se fazer homem, identificou-se de tal modo com os filhos que, no juízo final, dirá a nossos pais: "Tudo que fizestes a estes pequenino foi a mim que o fizestes".

(Artigo publicado no Jornal Santuário, sem data)

Loide e Eunice

Na Bíblia, encontramos São Timóteo, figura jovem, que simboliza toda a vitalidade da juventude que se consagra a Deus. Discípulo predileto de São Paulo, que o chama de "amado filho e fiel no Senhor", apenas chegando à maioridade, aparece quase que constantemente ao lado do grande apóstolo, a quem serviu de secretário na redação das Cartas que estão no Novo Testamento. Com ele trabalhou na fundação das comunidades cristãs de Fillipos, Tessalônica, Berea, Corinto e Éfeso. Acompanhou o apóstolo na segunda e terceira viagem apostólica. Foi o primeiro bispo de Éfeso, apesar de sua pouca idade. Participou das prisões e dos sofrimentos do Apóstolo.

Duas das grandes epístolas de São Paulo foram dirigidas a ele, assim consagrado nas Sagradas Escrituras e colocado como luzeiro para iluminar e inspirar os cristãos de todos os tempos. Diante desse quadro deslumbrante, permitam dirigir-me às mulheres, basta citar textualmente o que São Paulo escreveu na segunda carta a Timóteo: "Dou graças a Deus, a quem sirvo como meus antepassados, com consciência pura, lembrando-me sempre de ti em minhas orações, noite e dia. Recordando tuas lágrimas, tenho ardente desejo de rever-te para ficar cheio de alegria. Evoco a lembrança da fé sincera que está em ti; esta fé, que primeiro habitou em tua avó Loide e em tua mãe Eunice e que, estou certo, mora igualmente em ti". A avó e mãe, convertidas ao Cristianismo, conduziram a esse caminho o glorioso jovem e prepararam-lhe a peregrina vocação. Eunice e Loide imortalizadas porque deram ao mundo tão belo fruto. Mulheres católicas temos aí vossa exortação e o exemplo dessas duas mulheres.

(Artigo publicado no Jornal Santuário, sem data)

O mais nobre dos genros

Conta-se que um general, no momento em que a filha professava votos perpétuos em uma Congregação religiosa contemplativa, sorria eufórico ao passo que todos da família choravam. "Como é possível que o senhor não tenha ficado triste, ao perder sua filha para sempre, o senhor que tanto a amava?" Ele respondeu: "Eu a amo como nunca, mas estou contente porque Jesus agora é meu genro". As mulheres que abraçam a vida religiosa consagrada são chamadas a serem esposas de Cristo. Ora, lendo as Sagradas Escrituras encontramos o título de esposa, aplicado a todas as criaturas que vivem na graça e no amor de Deus. O livro da bíblia *Cântico dos Cânticos* descreve o amor sublime e espiritual de Deus e a alma, sob formas delicadíssimas de amor conjugal. Todo ele é um conjunto de parábolas e alegorias do amor divino e da alma humana.

O esposo ali é o próprio Deus, a esposa é a criatura humana. No livro do Apocalipse, a Igreja, em geral, e a alma, em particular, apresentam-se como: "A esposa do cordeiro divino". Consagrada pelo batismo, pela eucaristia e pela crisma, a alma cristã une-se misticamente ao Cristo. União de vida e amor sobrenaturais, união perpétua; Jesus marca a alma com sinal indelével e lhe promete amor eterno, e ela entrega-se ao Senhor para sempre no amor que exclui todo estranho; amor no intercâmbio de todos os bens, uma vez que Jesus faz a alma participar do ser divino, das luzes, da força e das regalias da Divindade. A alma, por sua vez, oferece ao Cristo todo o seu ser, para que o Senhor nela se complete, continuando sua vida, paixão, ressurreição e glória. A vida eterna não é simbolizada nas Escrituras, só pelas figuras de reino, mansão paterna e banquete etc., mas também pelo casamento e pela aliança de amor, como se lê na parábola das virgens prudentes, quando elas entram com o noivo para a sala de núpcias e as portas são fechadas. Mas se todas as almas desfrutam do direito e honra de esposas de Cristo, que razões sobrarão, ainda, para que as Consagradas sejam chamadas de "esposas do Cordeiro divino"? Essas razões são vastas assim como o oceano e são anunciadas por Jesus ao moço rico. Ao se dirigir ao jovem, Jesus lhe diz: "Se queres entrar no reino dos Céus, guarda os mandamentos". E o jovem responde que desde a infância vive de acordo com a vontade de Deus. Então nosso Senhor, fitando-o com aqueles olhos de amor infinito, convida-o a uma união muito acima do comum, dizendo: "Se queres ser perfeito, vai, vende tudo o que possuis, dá aos pobres e vem seguir-me".

Jesus chama a muitos para viverem a pobreza, a castidade perfeita e a obediência. Pela consagração religiosa, a pessoa renuncia as delícias e as alegrias do amor conjugal, priva-se para sempre do direito de dispor de dinheiro, dos bens terrenos, abre mão da vontade própria e, de certo modo, abre mão da própria liberdade. Tudo para que Jesus seja o único esposo, tesouro e senhor. Foi assim que Santa Teresinha se apresentou vestida de noiva e adentrou na capela do Carmelo. Abandonou-se, confiante, ao Cristo, qual esposa que acompanha o marido por terras desconhecidas. E Jesus nunca decepcionou ninguém, nunca se deixou vencer em generosidade. A alma consagrada pelos votos merece, portanto, em um sentido único, o glorioso título de: "Esposa de Cristo". Tinha, pois, muita razão o velho general...

(Artigo publicado no Jornal Santuário, sem data)

Oração das crianças

Dona Sibila, seus filhos rezam todos os dias? Eles são ainda muito pequenos, respondeu a jovem mãe. Que idade tem o mais velho? Tem seis anos, seu padre. Ai, minha senhora, com seis anos as crianças de nosso tempo já costumam saber sobre muitas coisas. Mas qual é a idade de aprender as orações, seu padre?

Houve um grande homem, no tempo do Império, que escreveu: "a educação de um menino começa cem anos antes de ele nascer". "Nossa, seu padre, será possível", disse ela admirada. "Sim, dona Sibila, eu sei que a senhora não perde a missa aos domingos, recebe os sacramentos, dá bom exemplo e tem muito amor à religião Católica. Pois, a senhora me diga: essa fé não lhe veio como herança de seus pais, os velhinhos que eu tanto estimava e que morreram santamente?" "Sim, padre, é verdade", respondeu ela.

A boa educação começa no bom caráter, nos bons hábitos e no próprio sangue dos antepassados e da família. Bem diz o provérbio: "Como o campo, assim o milho. Como os pais, também o filho". "A senhora veja a grande responsabilidade que pesa sobre seus ombros: transmitir aos filhos a preciosa herança da fé e dos bons costumes, esse tesouro de sua família."

Dona Sibila, em tom humilde de quem se confessa, disse: "Eu era muito novinha, talvez tivesse menos de três anos, e minha mãe, quando me acordava e quando me deitava, punha-me de joelhos, ajuntava-me as mãozinhas e ia falando: "'Pai nosso', e eu respondia: 'Pai nosso'. Meu Deus, foi assim que não só aprendi, mas também me habituei a rezar sempre de manhã e à noite. Reconheço ser grande falta não ter ensinado as crianças desde pequeninas".

Foi a conta. Daquele dia em diante, ao despertar do sol e na hora de dormir, toda a casa de dona Sibila elevava-se ao céu a doce música das vozes infantis, fazendo eco a mamãezinha que dizia: "Pai nosso, que estais nos céus..." Ave, Maria, cheia de graça...". E nada abençoa tanto o lar cristão como a oração das crianças.

(Artigo publicado no Jornal Santuário, 1949)

7

Nossa Senhora

Padre Vítor foi um grande devoto de Nossa Senhora; por ela sempre manifestava seu amor e devoção. Dedicou grande parte de sua vida à propagação da devoção, especialmente a Nossa Senhora Aparecida, pelo Brasil, tanto na atividade de missionário itinerante e pelas ondas da Rádio Aparecida como pelas viagens que realizava, levando a imagem a várias localidades de nosso país. Nesta derradeira parte, selecionamos alguns escritos do Pe. Vítor, em que ele fala de Nossa Senhora, deixando manifestar todo o seu amor e devoção à Mãe de Deus.

Nossa Senhora Aparecida

Há mais de dois séculos, pescadores colhiam nas redes a imagem que, por ter aparecido nas águas do rio Paraíba, deu origem à invocação: "Nossa Senhora Aparecida". Imagem da Imaculada Conceição, trazendo a fisionomia e a cor negra, que naquele tempo representava os míseros escravos.

"Por quê?", perguntará alguém, "a santa Virgem não escolheu uma imagem mais bonita?" Esse alguém, que se admira, não percebe que do valor religioso das imagens não depende da forma graciosa, mas, sim, do simbolismo que elas apresentam de um modo digno. Justamente o simbolismo dá à imagem de Aparecida uma beleza fora do comum, mostrando-nos a grande Mãe de Deus, a Imaculada, em forma de escrava.

Qual a razão dessa aparência de escrava? Seria uma simples recordação dos humildes sentimentos da Virgem, que se dizia "a serva do Senhor", no momento de se tornar Mãe de Deus?

Outro motivo muito profundo faz-nos estremecer de amorosa piedade, diante da Rainha em figura de humilde serva: Maria Santíssima foi eternamente predestinada para ser a Mãe do Redentor. Como Eva secundou o primeiro homem na culpa e consequente escravidão, assim Maria aparece qual companheira e auxiliar do Redentor, na libertação.

Ser redentor é comprar escravos para libertá-los. Jesus redimiu-nos não com ouro ou prata, mas com o preço infinito do Sangue derramado na cruz. Assim Nossa Senhora Aparecida traz a forma de escrava para nos lembrar de tão grande mistério e dizer ao mundo: "Escravos, que fostes ou talvez ainda sejais, escravos do demônio, do pecado, da dor, da morte e da maldição: sabei que Jesus nos redimiu; a mim, preservando-me; a vós, libertando-vos. Desde o primeiro instante revestiu-me das indumentárias da salvação e da justiça, para me fazer sua mãe e vossa mãe. Ele é o primogênito. Vós, meus filhos. Nele, com Ele e por ele, eu quebrei as cadeias de vossa servidão. E eternamente sereis nobres filhos do altíssimo".

Não é admirável o significado da Imagem de Nossa Senhora da Conceição Aparecida? Grandeza excelsa, que nos eleva e nos compenetra de santa reverência. Humilde "baixeza", que nos enche de confiança. Os extremos abismos, da misericórdia de Deus e da miséria humana, ali se refletem. A "cheia de graça" aparece como "Mãe da divina graça". A Igreja declarou Nossa Senhora Aparecida: Padroeira do Brasil. O que a Igreja liga na terra não ficaria ligado no céu.

(Artigo publicado no Jornal Santuário, 1950)

Festa de Nossa Senhora Aparecida

"Hoje é véspera da Festa de Nossa Senhora Aparecida." Queridos brasileiros, que querem homenagear a Padroeira de nossa Pátria, Senhora Aparecida, Maria, a Virgem de Jerusalém, leiga de Deus, esposa desposada com Cristo, na expressão de São Paulo, cada cristão tem de ser uma alma santificada pela Redenção, pelo Sangue de Cristo, para se tornar intimamente santo, possuído do Divino Espírito. Todo cristão deve ser assim santificado pelo batismo, unido a Cristo pela Eucaristia.

Maria é por excelência a nova criatura, a Virgem, filha de Jerusalém, Imaculada Conceição, Santificada: "O Senhor é convosco, bendita sois vós entre as mulheres". Nossa Senhora é diferente das outras criaturas porque verdadeiramente, por um ato de seu querer, aceitou e recebeu a Maternidade Divina. O anjo lhe disse: "Conceberás e darás à luz um filho". É o Filho do Altíssimo, o Filho Eterno de Deus, que vinha para ser nosso Irmão, nosso Redentor, e ela aceitou. A virgem pura, santa, bendita, imagem viva da Igreja, redimida, tornou-se Mãe, dizendo: "Eu sou a escrava do Senhor, faça-se em mim segundo sua palavra". E o Verbo divino se fez homem e entrou no mundo por Maria, Mãe. E a outra parte maravilhosa da Redenção é esta: não somente Jesus entrou na humanidade por Maria, mas a humanidade, em Maria e por Maria, entra para Jesus.

Nossa Senhora representa de modo vivo o cristão que aceitou, como nós aceitamos, a Jesus. Ela nos representa nessa aceitação e nos ajuda. Por Maria nós vamos a Jesus. Ela é modelo perfeito de cristão que aceita Deus. Ela acompanhou o Redentor em todos os passos, merecendo também para nós a graça. Jesus mereceu de modo perfeito, contínuo. Jesus não precisava dela, mas convinha que Ela também, a segunda Eva, acompanhasse-o em todos os passos da Redenção, como Mãe da Divina Graça, para colorir, com um colorido materno, o merecimento infinito de Jesus. Nossa Senhora das Graças: Ela é medianeira de todas as graças. Por Maria nós entramos todos para Jesus, nós que somos filhos da Vida Eterna.

Nossa Senhora é Rainha porque é Virgem e Esposa, Mãe que gerou Jesus para nós, trazendo Deus ao mundo, e que, de certo modo, nos gera para Jesus. A Imagem de Nossa Senhora Aparecida é preta, para lembrar que nós seríamos escravos e de modo algum dignos de pertencer ao Cristo Redentor. A cor preta de Nossa Senhora lembra o Libertador que preserva sua Mãe, fazendo-a virgem e pura. A imagem de Aparecida, de mãozinhas postas, lembra-nos de que Nossa Senhora tudo alcança por ser a Esposa e a Mãe. Em nome de Jesus, ela intercede por nós. A imagem de Aparecida, em que Nossa Senhora está pisando a lua do pecado, do remo do mal, lembra que é companheira de Jesus em seu triunfo tanto em sua morte, como em sua Ressurreição. A imagem da Aparecida, representando a mulher vestida de sol, pisando a lua do pecado, coroada Rainha, Virgem, Esposa e Mãe, Nossa Senhora, Mãe da Divina Graça, diz-nos que por Ela Jesus veio ao mundo dos homens, e com Ela e por Ela entramos para Jesus. Jesus entrou no mundo por Maria. Por Maria nós nos unimos a Jesus. Por isso, na imagem de Aparecida, nós celebramos nossa grande unidade, nossa festa de união, não somente nacional, mas de união eterna.

(Texto para programa da Rádio Aparecida, sem data)

As sete dores da Virgem Maria

Qual a criatura humana que não suspira compassiva, contemplando Nossa Senhora das Dores em tanto suplício? Pelos pecados nossos, ela viu Jesus em tormentos, flagelado, coroado de espinhos, com o rosto profanado por escarros.

Os que não têm devoção a Nossa Senhora das Dores, ou não creem ou não lhe têm amor. A piedade da santa Igreja celebra duas festas das Dores da Bem-aventurada Virgem Maria, uma durante a Semana Santa e outra no dia 15 de setembro. Todo mundo conhece as "Sete dores" de Nossa Senhora. Escrevo "sete" entre aspas, porque as dores não foram apenas sete.

A primeira dor realizou-se quando Simeão, tomando o pequenino Jesus nos braços, disse a Maria: "Este menino será a ruína e contradição de muitos. E, um dia, uma espada de dor transpassará tua alma". Qual flecha cravou-se essa profecia no espírito da Virgem. A segunda dor foi na fuga para o Egito. A inveja e crueldade de Herodes eram o despontar dos males anunciados pelos profetas. A matança dos inocentes inaugurava os martírios da Igreja em todos os séculos.

A terceira dor originou-se da perda do menino Jesus por três dias em Jerusalém. Angústia e abandono afligiam o espírito e o coração de Maria semelhante à desolação que, na cruz, haveria de arrancar dos lábios de Jesus aquela exclamação: "Meu Deus, meu Deus, por que me abandonastes?" A quarta dor deu-se no encontro com o filho no caminho do calvário. As duas almas santíssimas confluíram em um rio de amarguras, para juntas se entregarem ao supremo sacrifício. A quinta dor proveio da morte do Senhor. Estava a mãe dolorosa, junto à cruz, lacrimosa, vendo o filho agonizar. E a espada do amor compassivo imolou o espírito de Maria no momento em que Jesus expirava.

A sexta dor feriu o coração de Maria quando ela recebeu nos braços o corpo sem vida de Jesus; ela assim possuiu o preço de todas as graças, é "Nossa Senhora das Graças, é Nossa Senhora da Piedade". O amor dilacera-lhe o ânimo, à vista das chagas de Jesus.

A sétima dor pesou sobre a alma dulcíssima da Virgem no sepultamento do Salvador. Foi a soledade de Maria. Fé e esperança conservavam serenamente o coração de Nossa Senhora, abismado na tremenda realidade da morte de Jesus!

Como são invejáveis os verdadeiros devotos das Dores de Nossa Senhora! É o caso de suplicarmos nós também: "Eia Mãe, fonte de amor: fazei-nos sentir a veemência de tua dor, para que arda em nosso peito o amor de Jesus; que realizemos em nós a paixão do Senhor e, levando em nossa alma o mistério de sua morte, tornemo-nos participantes de seu sacrifício".

(Artigo publicado no Jornal Santuário, 1949)

Assunção de Nossa Senhora ao céu

"Hoje é a Festa da Assunção de Nossa Senhora ao céu!" A Igreja ensina e a Revelação garante que Nossa Senhora não tinha de apodrecer no cemitério, nem mesmo, talvez, devesse morrer. Ela, por ser imaculada, a Imaculada Conceição, também estava liberta da morte e da corrupção. Convinha, porém, que Nossa Senhora morresse para ser semelhante a seu Filho, para participar, como corredentora, dos merecimentos da redenção ativa. Mas ela é Imaculada, a Única Imaculada, por isso não era preciso que ela morresse e que seu corpo se corrompesse no cemitério.

De fato, Deus transfigurou Nossa Senhora. Ela morreu, como diz a Tradição, mas não apodreceu. Seu corpo foi transfigurado, e Nossa Senhora foi recebida de corpo e alma no céu, por ser a Imaculada desde o primeiro instante de sua existência. Nós seremos imaculados no futuro. Ela foi sempre. Nunca foi manchada, nunca em Nossa Senhora entrou o não, o não do pecado. Ela, por privilégio de Deus, foi sempre bendita, preservada para sempre ser sim, como Jesus. Nossa Senhora nunca foi manchada, por isso não estava sujeita à morte: "este é o dogma que nós hoje celebramos com alegria".

(Texto para programa da Rádio Aparecida, sem data)

Mãe da Divina graça

A Sagrada escritura conta-nos que uma viúva, constrangida pelo credor que lhe queira tomar os dois filhos para escravos, foi ter com o profeta Eliseu, pedindo-lhe socorro. Este lhe perguntou: "Que possuis em tua casa?"

Respondeu ela: "só tenho em minha casa um pouco de óleo para me ungir". O profeta mandou que ela tomasse emprestado o maior número de vasilhas e, trancando-se em casa com os filhos, enchesse-as todas com aquele azeite. Assim aconteceu. O precioso líquido jorrava miraculosamente. Dizendo ela: "mais uma vasilha", seus filhos lhe responderam: "Não resta" mais nenhuma!" Estancou-se o manancial prodigioso. A sentença final de Eliseu foi: "Vende esse azeite, mulher, e paga teu credor; e tu e teus filhos vivei com o restante!"

Muitos séculos mais tarde, a Bíblia nos leva, em companhia do Anjo Gabriel, à cidadezinha de Nazaré, a uma Virgem, cujo nome é Maria, desposada com um homem justo, chamado José. E, entrando, o anjo lhe disse: "Deus te salve, ó cheia de graça, o Senhor é contigo, tu és bendita entre as mulheres!" Perturbou-se a humilde Nossa Senhora: Como ser ela, que se julgava a última das servas, a grande mulher prometida pelo altíssimo, a segunda Eva, a verdadeira "Mãe dos viventes"? Deus a escolhera. Um "Magnificat" de amor e gratidão subiu ao céu, qual nunca outro se eleva da terra. Sentimentos maternais inundaram os abismos insondáveis do coração de Maria.

Ela sentiu que, dos milênios transatos, assim como do presente e dos séculos vindouros, multidão intocável para ela erguia as mãos. Eram os filhos da morte e do pecado, chamado por vida; eram trevas, buscando luz; era o avivamento e escravidão, suspirando por liberdade e herança divina. Mas, onde buscar recursos para prover tantos filhos e tantas misérias?!

Eis que o anjo Gabriel acrescentou: "O Espírito Santo virá sobre ti, e o poder do altíssimo te cobrirá com sua sombra; por isso, o que nascer de ti será chamado Filho de Deus". Desde aquele momento a Mãe dispõe, em favor dos filhos, de tesouros infinitos em vaso pequeno, o pequenino Coração de Jesus, que encerra a plenitude da divindade. Desse Coração aberto na cruz, jorra o óleo da graça; jorra a vida que nos torna participantes da natureza de Deus; jorra a luz que ilumina todo homem, que vem a este mundo, graça misteriosa que, de escravos, nos faz herdeiros do Eterno.

Ó Maria, nossa Mãe, aqui tendes vasos sem conta: são nossos corações! Tornai-nos amplos como os oceanos, para que não se perca o óleo divino!

(Artigo publicado no Jornal Santuário, 1948)

Índice

Apresentação 5
Prefácio 7
Introdução 9
Padre Vítor Coelho de Almeida, C.Ss.R. 11

1. Família e vida pessoal 13
A família do Padre Vítor 13
Não aproveita fazer greve contra Deus 15
Filho da misericórdia de Deus 16
Celebrar a vida 18

2. Vida de missionário 19
Vida de missionário 19
Coisas da fé 20
Idílios de missionário 22

3. Formação cristã 25
Deus Criador 25
Deus e homem verdadeiramente 27

Olhai os lírios do campo 28
Não era sonho 30
Amor e reparação 32
Consciência 33
A escolha 35
Humildade, verdade e paz 36
Indiferentismo 37
Vós me recebestes 38
A inveja 39
Converter-se 41
Nossa confiança 42
Jesus vem 43
Uma bela profecia 44
Um episódio da Bíblia e uma grande lição 45
São José 47
Ratos de sacristia 48
Acreditar em Jesus Cristo 50
Redenção que vem de Jesus 51
É preciso valorizar o tempo. Há muitas formas para isso 54
O tempo passa para todos. Quem é de Deus santifica-se no tempo 56

4. Questões de fé 57
Sinais, símbolos e imagens 57
As bênçãos 59
Os anjos 59
O inferno não cabe em minha cabeça 60
Erros e heresias 62
Mistérios da morte 64
A presença de Deus em nós 65
Sexta-feira Santa 67

Jesus é a palavra 69
Vamos falar do purgatório 71
Padre Vítor ensina a morrer com Deus 74

5. Política e justiça social 77
Haverá paz e amor 77
Os direitos humanos 79
Bafejos esperançosos 81
Quem salvará? 82
O cristão e a propriedade 83
Falsos mendigos 85
A lei e a constituinte 86

6. Formação humana 89
O que haverá mais forte que o amor? 89
Paternidade, filiação de amor 91
Papai e mamãe 92
Loide e Eunice 93
O mais nobre dos genros 94
Oração das crianças 96

7. Nossa Senhora 99
Nossa Senhora Aparecida 99
Festa de Nossa Senhora Aparecida 101
As sete dores da Virgem Maria 102
Assunção de Nossa Senhora ao céu 104
Mãe da Divina graça 104